社交电商直播：
连接消费者的新路径

胡创业　著

东北大学出版社

·沈　阳·

图书在版编目(CIP)数据

社交电商直播：连接消费者的新路径／胡创业著.
沈阳：东北大学出版社，2024.9. -- ISBN 978-7-5517-3556-8

Ⅰ. F713.365.2

中国国家版本馆 CIP 数据核字第 2024D587T3 号

出 版 者：东北大学出版社
　　　　　　地址：沈阳市和平区文化路三号巷 11 号
　　　　　　邮编：110819
　　　　　　电话：024-83683655(总编室)
　　　　　　　　　024-83687331(营销部)
　　　　　　网址：http://press.neu.edu.cn
印 刷 者：辽宁一诺广告印务有限公司
发 行 者：东北大学出版社
幅面尺寸：185 mm×260 mm
印　　张：6.75
字　　数：125 千字
出版时间：2024 年 9 月第 1 版
印刷时间：2024 年 9 月第 1 次印刷
责任编辑：王　旭
责任校对：周　朦
封面设计：潘正一
责任出版：初　茗

ISBN 978-7-5517-3556-8　　　　　　　　　　定　价：45.00 元

前　言

在当今数字化飞速发展的时代，社交电商直播正以其独特的魅力，引领着新的消费潮流。它不仅打破了传统电商的局限，更将社交的互动性、娱乐性与购物的便捷性完美结合，为消费者带来了全新的购物体验。社交电商直播将社交元素融入电商直播之中，它不仅仅是一个展示商品的平台，更是一个聚集了众多消费者、主播和商家的互动社区。在社交电商直播活动中，消费者可以通过实时观看直播，直观地了解商品详情，同时可以与主播进行即时互动，获取更多购买建议；主播可以利用自身的专业知识和影响力，为消费者推荐性价比高的商品，打造个性化的购物体验；商家则可以通过直播形式，展示品牌形象，提升产品曝光度，实现销售额增长。

本书从社交电商直播概述出发，阐述了社交电商直播的营销策略，分析了社交电商直播对消费者的影响，并探讨了社交电商直播中的消费者互动情况。希望通过本书的介绍，能够为读者了解社交电商直播提供帮助。

本书主要汇集了著者在工作、实践中取得的一些研究成果。著者参阅了与本书主题相关的文献资料，在此谨向其作者表示感谢。

由于著者水平有限，本书难免存在疏漏和不足之处，希望得到广大读者的批评指正，并衷心恳请同行不吝赐教。

著　者

2024 年 5 月

目　录

第一章　社交电商直播概述

第一节　社交电商直播的基础知识

一、社交电商直播的属性

从本质上来看，社交电商直播是对传统商业模式的创新，它将社交媒体、电子商务和直播技术进行有机融合，为消费者提供了一种全新的互动式购物体验。社交电商直播具有社交属性、电商属性和直播属性。

（一）社交属性

与传统电商相比，社交电商直播更加注重人与人之间的互动和连接。在直播过程中，主播通过与观众实时互动，建立起信任和情感纽带，营造出亲切友好的社交氛围。这种社交属性不仅能够增强用户黏性，提高用户参与度，还能够促进口碑的传播，吸引更多潜在消费者。

（二）电商属性

与社交媒体不同，社交电商直播的核心是促进商品销售、实现商业价值。在直播过程中，主播通过对商品的展示、试用和讲解，激发消费者的购买欲望，引导其完成交易。社交电商直播平台还为消费者提供了便捷的购物功能，如一键下单、优惠券领取等，最大限度地降低了消费者对商品的购买门槛。

（三）直播属性

借助互联网技术，社交电商直播打破了时空限制，实现了品牌商与消费者的实时互动。与图文、短视频等形式相比，直播具有更强的现场感和代入感。消费者不仅可以通过直播画面直观地了解商品的外观、功能和使用效果，还能与主播进行实时交流，获得个性化的购物指导。这种沉浸式的体验能够有效提升消费者对商品的信任度，激发其购买意愿。

二、社交电商直播的核心特点

（一）互动性

在直播过程中，主播与观众之间能够实时互动交流，形成亲密无间的连接。这种互动不仅体现在语言上，还体现在情感上。主播通过与观众分享生活点滴、讲述个人故事，能拉近彼此的距离，营造轻松愉悦的氛围。观众也能通过发送弹幕、参与抽奖等方式，表达自己的想法和感受，与主播形成良性互动。

这种实时互动的特点，极大地提升了社交电商直播的体验感和参与感。观众不再是被动地接收信息，而是主动参与到直播中，影响直播的走向和节奏。主播与观众之间的互动也提高了彼此的信任度。通过频繁而直接的交流，观众能够更全面地了解主播的性格特点、专业素养，从而加深对其推荐商品的信赖。这种信任感是传统电商难以企及的。

从营销的角度来看，社交电商直播的互动性也带来了巨大的优势。通过与观众的实时互动，主播能够及时获得反馈，了解观众的需求和痛点，并据此调整自己的推荐策略。这种精准营销不仅能够提高转化率，而且能够增强用户黏性，促进长期客情关系的建立。观众之间也能够通过弹幕等形式进行互动，交流彼此的购买心得和使用体验，形成口碑效应，为商品营销助力。

通过参与直播，观众不仅能够与主播产生情感共鸣，还能够与其他观众产生情感连接，找到志同道合的伙伴。在这个过程中，直播间俨然成了一个虚拟社区，人们在这里交流、分享、互助，在很大程度上满足了社交需求。这种社交属性增强了用户对直播平台的依赖感，为平台的可持续发展提供了保障。

（二）实时性

在直播过程中，主播与观众之间可以实现即时互动，观众能够通过评论、点赞等方式表达自己的观点和情绪，主播也能够及时回应观众的问题和需求。这种实时互动不仅增强了直播的趣味性和吸引力，而且满足了消费者的个性化需求，提升了购物体验。

在传统电商中，消费者往往需要通过文字、图片等静态信息了解商品，难以全面、直观地感知商品的质感、功能等细节。在社交电商直播中，主播可以通过实时展示、试用等方式，让消费者更加细致地感受商品，减少信息不对称现象，增强消费者的购买信心。主播可以根据观众的实时反馈，灵活调整讲解内容和方式，提供更加精准、有针对性的商品信息。

社交电商直播的实时性大大缩短了从商品推广到成交的时间周期。在传统电商中，品牌商需要做好投放广告、网络优化等一系列推广工作，消费者也需要花费大量时间搜索、比较、下单。然而，在直播场景下，主播可以通过口播、试用等方式即时向消费者宣传，引导其快速下单，实现"即看即买"。这种"即看即买"的模式不仅提高了转化效率，还为品牌商节省了大量推广成本。

社交电商直播的实时性还体现在售后服务上。消费者在购买商品后如果遇到问题，可以直接在直播间向主播反馈，以获得及时的解答和处理。这种实时响应的售后服务方式，提升了消费者的信任度和满意度，有利于建立长期稳定的客户关系。

三、社交电商直播与传统电商的区别

（一）互动模式的区别

社交电商直播的互动模式与传统电商存在显著差异，突出表现为主播与消费者之间的实时互动。在直播过程中，主播通过语音、视频、文字等多种方式与消费者进行沟通交流，实时解答消费者的问题，为消费者提供个性化的产品推荐和使用建议。这种即时互动打破了传统电商的时空限制，拉近了卖家与买家之间的距离，营造出更加真实、亲切的购物氛围。

社交电商直播创新性地引入了弹幕互动。消费者可以通过弹幕实时分享自己的观点、提出问题，甚至参与产品讨论和价格谈判。这种多向互动模式不仅提高了消费者的参与感和黏性，还为主播提供了及时了解市场反馈、调整销售策略的渠道。相比之下，传统电商更依赖于评论、留言等异步互动方式，难以实现实时、动态的信息交换。

社交电商直播巧妙利用社交裂变效应，通过主播与消费者、消费者与消费者之间的互动传播，迅速扩大商品和品牌的影响力。在直播间里，消费者不仅可以与主播互动，还可以与其他消费者交流心得体会、分享购物经历。这种基于社交关系链的互动传播，可以让商品信息快速传播，影响更多的潜在消费者，形成裂变式的营销效果。而传统电商更依赖于付费广告、搜索引擎等获客渠道，难以实现口碑传播和社交裂变。

社交电商直播开创了全新的互动模式，通过主播与消费者、消费者与消费者之间的实时互动，为消费者带来更加真实、亲切、有温度的购物体验。这种创新的互动方式不仅满足了消费者个性化、多元化的需求，还为品牌商提供了精准向目标客户营销、提高转化率的高效途径。在互联网时代，社交电商直播正以其独特的魅力改变着人们的购物习惯和商业模式，成为电商发展的新风向。

（二）营销方式的区别

社交电商直播营销突破了时空限制，实现了品牌与消费者的实时互动。在直播过程中，主播可以即时展示产品特点，回答消费者的问题，在一定程度上消除其购买疑虑。消费者也能与主播和其他消费者实时互动，增强购物体验感。这种实时互动打破了传统电商的单向传播模式，拉近了品牌与消费者的距离。

社交电商直播营销注重情感连接和信任建设。与传统电商的购物决策不同，直播营销更强调情感因素。主播通过讲述品牌故事、分享使用心得、渲染购物氛围等方式，让消费者产生情感共鸣。在直播互动中，消费者可以深入了解产品和品牌内涵，建立起对主播和品牌的信任。这种源于情感连接的信任，能够有效提升消费者的忠诚度和复购率。

社交电商直播营销大大丰富了营销形式和内容。传统电商营销主要依赖图文、短视频等形式，内容相对单一。直播营销可以灵活融合多种内容形态，如产品展示、试用测评、幕后探店、行业访谈等，为消费者提供更加生动的品牌体验。丰富的营销内容不仅增强了产品的吸引力，而且能满足消费者多元化的需求，为品牌塑造提供了更多可能性。

社交电商直播营销带来了数据驱动的精细化运营。直播平台提供了实时的销售数据、互动数据等，品牌商可以据此掌握消费者的喜好，优化产品组合和营销策略。通过数据分析，品牌商能够精准把握消费趋势，快速响应市场变化，实现供应链的柔性化管理。数据驱动的精细化运营有助于提升营销效率，降低运营成本。

（三）用户体验的区别

与传统电商相比，社交电商直播通过主播与用户之间的实时互动，给用户带来一种沉浸式购物体验。在直播过程中，主播不仅能展示商品的特点和优势，还能及时解答用户对商品的疑问，为其提供个性化的购物建议。这种面对面的交流方式拉近了主播与用户之间的距离，增强了用户对商品的信任感和购买意愿。直播间还为用户提供了一个与主播和其他用户交流互动的平台，用户可以在评论区分享自己的购物心得，交流使用体验，形成一种社交化的购物氛围。这种互动性和社交属性满足了用户社交和娱乐的需求，使购物不再是一种孤立的行为，而是一种充满乐趣和参与感的社交活动。

社交电商直播为用户提供了更加直观、真实的商品体验。传统电商往往依赖文字描述和图片来展示商品，但这些静态的信息难以全面反映商品的质感、细节和使用效果。在直播过程中，主播可以通过实时演示和试用，让用户更加直观地了解商品的特点和使用方法。这种体验方式提高了用户对商品的认知和信任感，减少了购买决策的不确定性。主播还可以根据用户的反馈和提问，现场展示商品的不同款式、颜色和搭配方式，为用户提供更加个性化的选择。这种交互式的体验方式满足了用户对商品信息的需求，提高了购物决策的质量和效率。

社交电商直播通过丰富多样的营销方式，为用户带来了更多优惠和福利。在直播过程中，主播经常推出限时抢购、优惠券领取、赠品赠送等促销活动，给用户带来实实在在的优惠。这些营销手段不仅刺激了用户的购买欲望，而且增强了直播间的互动性和娱乐性。主播还会根据用户的喜好和反馈，不定期推出新品首发、专属定制等特色服务，满足用户个性化、多元化的需求。这种差异化的营销策略不仅提高了用户的购物满意度，还提高了用户对平台和主播的忠诚度。

四、社交电商直播的主要参与者

(一) 主播

主播不仅需要具备出色的销售能力和表达技巧，还要掌握专业知识，具有人格魅力，互动能力强。

从专业知识来看，社交电商直播对主播的要求远超传统电商。除了要熟悉所推荐商品的性能、功能、使用方法等基本信息，主播还需要对商品所属行业有较为全面和深入的了解。只有建立扎实的专业知识体系，主播才能在直播中以专业的视角解读商品特点，用通俗易懂的语言向消费者传递商品价值，赢得消费者的信任。丰富的专业知识也是主播把控直播节奏、引导话题互动的基础。

当消费者提出专业性问题时，主播能够从容应对，这将极大提升直播的可信度和说服力。

从人格魅力来看，优秀的主播往往拥有独特的个人魅力和鲜明的个人风格。他们或机智幽默，或亲切随和，或睿智大方，都能够通过自身魅力吸引观众，获得忠实的粉丝。在直播过程中，主播个人魅力的展现有利于营造良好的互动氛围，拉近与消费者之间的心理距离。消费者往往更愿意购买自己喜爱的主播推荐的商品，优秀主播的人格魅力能够显著提升商品转化率。主播人格魅力的塑造也有利于打造独特的个人品牌形象，为自身的可持续发展奠定基础。

优秀的主播必须具备出色的互动能力，能够迅速捕捉消费者的心理需求，给予及时、精准的回应。无论是解答商品疑问，还是就话题展开讨论，主播都要做到耐心倾听、机智应对，通过高效的互动提升消费者的参与感和信任感。同时，灵活运用互动工具，设置有吸引力的互动环节，也能够为直播增添趣味性和娱乐性，吸引更多消费者驻足观看、参与互动。

社交电商直播对主播的要求还体现在销售能力、情商、形象气质等多个方面。优秀的主播能够根据商品特点和受众群体精准设计销售话术，用生动形象的语言突出商品卖点，打动消费者的心。主播还要具备较高的情商，能够迅速感知消费者的情绪变化，从而及时调整直播策略，营造良好的直播氛围。当然，在一定程度上，主播的形象气质也会对消费者产生潜移默化的影响，塑造良好的个人形象，有助于提升直播的专业度和美誉度。

（二）平台

社交电商直播平台应具备完善的技术架构和丰富的功能设置。

从技术层面来看，直播平台需要具备强大的音视频处理能力和稳定的网络传输性能，以确保直播画面清晰流畅、声音干净无噪。平台应支持多种终端设备的接入，满足用户随时随地观看直播的需求。大数据分析技术在直播平台中发挥着越来越重要的作用。通过收集和分析消费者行为数据，平台可以精准推荐用户感兴趣的直播内容，提升用户黏性和转化率。人工智能技术的应用则可以实现智能审核、实时字幕、虚拟主播等创新功能，为用户带来更加智能化、个性化的观看体验。

从功能设置上来看，一个完善的社交电商直播平台应包括直播间管理、商品管理、订单管理、数据统计等多个模块。在直播间管理方面，平台要为主播提供便捷的开播工具和丰富的互动功能，增强直播的趣味性和吸引力。在商品管理方面，平台需要与品牌商密切合作，提供完善的商品上架、推广、销售等服务，确保商品信息的真实性和准确性。订单管理涉及支付、物流、售后等环节，平台要与第三方服务商紧密对接，为消费者提供安全、便捷的购物体验。数据统计功能可以帮助主播和品牌商实时了解直播效果，优化运营策略。

平台应具有清晰友好的界面设计，为用户提供流畅、直观的操作体验。在视觉设计上，平台要突出品牌特色，营造良好的视觉氛围。平台还要重视用户反馈，及时响应用户需求，不断优化产品功能和服务质量。在内容管理方面，平台需要制定严格的审核标准，杜绝虚假、低俗、侵权等违规内容，为用户创造一个健康、积极向上的直播环境。

（三）品牌商

品牌商通过与平台和主播的密切合作，充分利用直播这一新兴营销渠道，实现品牌价值的有效传播和产品销售量的快速增长。

品牌商参与社交电商直播的目的是通过提升品牌知名度和美誉度，增加销售量。在直播过程中，主播通过生动形象的讲解和互动，将品牌的独特卖点、核心理念和价值主张传递给广大消费者，帮助品牌商塑造良好的形象。在直播场景方面，营造轻松愉悦的氛围，拉近品牌与消费者之间的距离，增进双方的情感连接，从而提升品牌忠诚度。

借助社交电商直播，品牌商能够实现精准营销和销售转化。利用大数据分析，品牌商可以深入洞察目标消费群体的特征和需求，从而优化选品策略，为直播量身定制适销对路的产品组合。在直播过程中，主播以第一人称视角为产品代言，通过试用展示、优惠促销等方式，激发消费者的购买欲望，带动商品销量的快速提升。

品牌商可以利用直播实现新品首发和爆款打造。与传统的新品发布会相比，直播首发更加灵活、高效，能够在短时间内聚集大量目标消费者，引爆话题和热度。品牌商可以与头部主播合作，借助其强大的号召力和影响力，在直播间快速推广新品，引领消费趋势。

不同的直播平台在用户规模、画像特征、互动玩法等方面各有千秋，品牌商需要结合自身的定位和目标，选择与之契合的平台。品牌商应该与口碑好、转化率高的优质主播建立长期稳定的合作关系，确保直播营销活动的效果最大化。

品牌商在参与社交电商直播的同时，还需要与其他营销渠道形成良性互动，发挥协同效应。一方面，品牌商可以利用短视频、社交媒体等平台进行直播预热和引流，提前引发消费者的关注和兴趣；另一方面，直播后品牌商还需做好复盘分析，及时调整优化营销策略，并通过社交媒体、公域流量等渠道持续强化品牌形象，巩固直播成果。

（四）消费者

在社交电商直播的繁荣生态中，消费者不仅是最终的购买者，更是整个直播活动不可或缺的核心参与者。他们不仅仅是被动地接收信息，更是积极地参与到直播的每一个环节，与主播、品牌商以及其他消费者共同构建了一个充满活力的购物社区。

消费者通过直播平台，能够直观、生动地了解商品的详细信息，从外观、功能到使用效果，甚至是背后的品牌故事和文化内涵，这些都极大地丰富了他们的购物体验。在直播间里，消费者可以通过弹幕、评论等方式与主播进行实时互动，提出疑问、分享观点，甚至参与到主播设置的互动游戏中，这种参与感让购物过程变得更加有趣和有意义。

消费者在社交电商直播中的选择权和话语权得到了极大的提升。他们可以根据自己的需求和喜好，在众多的商品中挑选出最适合自己的那一款，并通过购买行为来表达对主播和品牌的支持和认可。同时，消费者可以通过分享自己的购物经历和心得，影响更多潜在消费者的购买决策，从而进一步推动社交电商直播的繁荣和发展。

消费者还享受着电商直播带来的便捷和优惠。在直播间里，他们可以直接领取优惠券、参与秒杀等促销活动，享受到比传统购物渠道更加优惠的价格和更加便捷的服务。这种实惠和便利也让消费者对社交电商直播产生了更高的忠诚度和满意度。

五、社交电商直播的技术支持

（一）流媒体技术

流媒体技术将音视频数据压缩编码后在网络上实时传输，让主播和用户能够跨时空进行实时互动。流媒体技术的核心是编解码技术和网络传输技术，前者决定了音视频的清晰度和流畅度，后者决定了直播的低延迟和高并发能力。

为了保证社交电商直播的用户体验，流媒体技术在编解码和网络传输方面都有较高的要求。

第一，编解码技术需要在保证画质的同时，最大限度地降低码率，减少数据量，从而降低传输压力和成本。H.264，H.265等高效的视频编码标准，以及 AAC，Opus 等高品质的音频编码格式，在社交电商直播中得到了广泛应用。同时，为了适应不同网络环境和终端设备，往往需要提供多码率、多分辨率的编码版本，通过自适应码率流技术动态切换，以保证直播的流畅性。

第二，网络传输技术需要保证数据的实时性和可靠性。社交电商直播对延迟的容忍度较低，通常要求端到端延迟控制在2~3秒，这对传输协议和网络质量提出了较高要求。自定义传输协议在保证传输效率的同时，还需要提供合适的重传和纠错机制，以应对网络抖动和丢包等问题。

第三，内容分发网络技术通过在网络边缘部署大量节点，将直播内容缓存在离用户更近的位置，从而大幅扩大了直播的并发规模，提升了用户体验。

随着5G、边缘计算等新技术的发展，流媒体技术也在不断发展。基于5G网络的超低时延特性，新型直播形态开始崭露头角。边缘计算可以将编解码、混流等计算任务卸载到网络边缘，进一步降低服务器负载和传输延迟；人工智能技术的引入，则为直播内容理解、互动体验优化等带来了新的空间。这些技术的成熟将为社交电商直播注入新的活力。

（二）数据分析技术

通过对用户属性、行为偏好、购买历史等数据的挖掘和分析，平台可以勾勒出不同用户群体的画像，了解他们的兴趣爱好、消费习惯和购买力水平。基于这些洞察，平台可以有针对性地设计直播内容，为用户匹配合适的主播和商品，提供个性化的观看和购物体验。精准的用户定位不仅能够提高直播的转化率，还能够增强用户黏性，促进平台的长期发展。

社交电商直播平台汇聚了大量用户数据，蕴含着巨大的商业价值。通过对用户行为数据的深入分析，平台可以洞察用户的购买意向和偏好，预测其未来的消费需求。基于这些分析结果，平台可以在直播中推荐用户感兴趣的商品，提供个性化的优惠券和促销信息，大大提高营销的精准度和转化率。

通过分析主播的直播数据，如观看人数、互动情况、销售业绩等，平台可以全面评估主播的综合能力和发展潜力。对于表现出色的主播，平台可以给予更多资源倾斜和培养机会，帮助其打造个人品牌，提升影响力。对于数据表现平平的主播，平台则可以有针对性地提供培训和指导，帮助其提高直播技能和销售能力。数据驱动的主播管理模式能够最大限度地发掘和培养优秀人才，为平台的可持续发展提供源源不断的动力。

（三）人工智能

人工智能（artificial intelligence，AI）算法可以精准分析用户的行为数据和偏好特征，实现个性化推荐和智能化运营。例如，通过机器学习算法对直播内容进行实时分析，识别出热门话题和用户关注点，帮助主播优化直播内容，提升互动体验。运用自然语言处理技术，可以实现智能语音助手功能，解答用户疑问，提供产品咨询服务，大大提高了服务效率和用户满意度。

人工智能技术与社交电商直播的深度融合，开启了电商直播的智能化时代。AI算法可以帮助平台实现智能化运营和精细化管理，提高直播效率和转化效果；也为用户带来了更加流畅、个性化的互动体验，提高了用户黏性和忠诚度。

人工智能驱动下的社交电商直播正在成为零售行业发展的新引擎。它不仅为传统电商注入了新的活力，还为品牌商开拓了直达消费者的创新渠道。通过直播平台，品牌商可以与消费者直接对话，讲述品牌故事，传递品牌理念，拉近与消费者之间的距离。借助人工智能，品牌商可以更精准地向目标用户营销，实现千人千面的个性化互动，提升品牌影响力和美誉度。AI技术在直播场景中的应用也为中小品牌商和个人创业者提供了更加公平的竞争环境。智能化工具的普及降低了直播门槛，使更多普通人能够通过直播实现创业梦想，促进了社会经济的多元化发展。

第二节　社交电商直播的运营模式

一、品牌合作模式

（一）品牌商与主播合作策略

在当今的社交电商环境中，品牌商选择合适的主播进行合作是非常关键的一步。要实现这一目标，品牌商需要充分了解和分析主播的影响力和粉丝群体。品牌商通常会借助各种数据分析工具和平台，如社交媒体分析工具和直播平台的数据统计，评估主播的粉丝数量、互动率、内容风格以及粉丝的消费偏好等信息。通过这些数据，品牌商可以确定哪些主播与品牌的目标受众最为契合，从而使推广效果最大化。此外，品牌商会根据主播的影响力和粉丝群体，定制化推广策略。这些策略不仅需要考虑品牌的核心价值和产品特点，还需要与主播的个人品牌形象和内容风格相融合。例如，对于拥有高互动率和忠实粉丝群体的主播，品牌商可以选择深度合作的方式，如联合开发产品或品牌联合活动；而对于影响力较大的明星主播，可以通过短期高曝光的推广方式，迅速提升品牌知名度。通过这种定制化的合作策略，品牌商能够更精准地触达目标受众，提升品牌的市场竞争力和消费者认知度，同时能够帮助主播提升其直播内容的丰富性和商业价值，实现双赢的合作局面。

在品牌商与主播的合作形式方面，社交电商直播提供了多种选择，包括联合推广、产品植入及专场直播等。这些合作形式各有特点，能够在不同层面上提升品牌曝光度和销售转化率。联合推广是品牌商与主播共同策划和执行的一种推广活动，通常涉及多种内容和渠道。例如，品牌商可以与主播共同推出特定的促销活动、联合开发新产品或品牌联名款，通过直播、短视频、社交媒体等多渠道进行推广。联合推广不仅能够提升品牌的市场知名度，还能够增强消费者对品牌和主播的信任感和认同感。产品植入是另一种常见的合作形式，指品牌商将产品以自然的方式植入到主播的直播内容中。这种方式能够让消费者在观看直播的过程中，自然而然地接触和了解品牌产品，从而提升产品的曝光度和消费者的购买欲。产品植入的关键在于与主播直播内容的契合度和自然度，避免生硬的广告形式，从而提高消费者的接受度和购买意愿。专场直播则是品牌商与主播合作的一种深度推广形式，指品牌商与主播共同策划并执行一场以品牌产品为核心的专属直播活动。在专场直播中，主播会详细介绍和展示品牌产品，进行互动问答和促销活动，以吸引消费者的注意力和提高购买兴趣。专场直播的优势在于其高度的专注性和互动性，能够在短时间内集中提升品牌的曝光度和销售转化率。

（二）品牌推广与直播结合

在直播过程中，通过新品发布活动，品牌商能够直接向消费者展示最新产品的外观、功能和特色。新品发布会通常是品牌商吸引大量消费者的重要时刻，基于直播的即时性和互动性，品牌商可以迅速传递商品信息，提升新产品的曝光率。这种直接展示不仅能让消费者第一时间了解新品，而且能通过实时互动解答消费者的疑问，进一步增加商品的吸引力。

通过生动的语言和视觉效果，品牌商可以将其历史、价值观和文化传递给消费者。品牌故事不仅是信息的传达，更是一种情感的沟通，能增强消费者对品牌的认同感和信任感。主播作为品牌的代言人，通过真诚的讲述，使消费者感受到品牌的温度和个性，从而建立起更深层次的情感连接。这种情感连接不仅有助于提升品牌认知度，而且能培养消费者对品牌的忠诚度。

产品使用示范在直播中具有极高的实用性和说服力。通过实际操作和演示，主播可以直观地展示产品的使用方法和效果，解答消费者可能遇到的问题。这种展示方式不仅能有效消除消费者的疑虑，而且能激发他们的购买欲望。通过直播的形式，品牌商能够将复杂的产品信息以一种简单易懂的方式传递给消费者，从而提升产品的吸引力和可信度。实际操作的展示比单纯的文字或图片介绍更具有说服力，能够让消费者直观感受到产品的价值。

直播互动功能是社交电商直播的重要特点之一，也是增强品牌与消费者情感连接的关键手段。通过直播平台的实时聊天功能，消费者可以直接与主播互动，提出问题、发表看法，甚至参与抽奖和投票等活动。这种互动不仅提高了消费者的参与感和体验感，更能让品牌商通过即时反馈了解消费者的需求和偏好，从而优化产品和服务。实时互动的特性使品牌能够更快速地响应消费者需求，提升消费者满意度。

情感连接是提升品牌忠诚度的重要因素。通过电商直播，消费者可以与品牌建立起一种亲近、真实的关系。主播真诚的交流和互动，能够增强消费者对品牌的好感和信任。消费者在直播中感受到的关怀和重视，会转化为对品牌的忠诚度，进而形成长期的消费关系。此外，通过定期的直播活动，品牌可以不断强化与消费者的情感连接，保持高频次的互动，巩固消费者对品牌的忠诚度。

二、平台合作模式

（一）平台的角色与责任

技术支持是确保直播顺利进行的基础。平台提供先进的直播技术，包括高质量的视频传输、稳定的网络连接和多样化的互动工具，这些技术保障了主播与用户之间的无缝交流。技术的提升不仅增加了用户体验的满意度，还提高了主播的直播效果和品牌的展示效果。

流量资源是平台为主播和品牌商提供的另一项重要支持。平台通过大数据分析和精准的推荐算法，将直播内容推送给最有可能感兴趣的用户群体，增加直播的曝光率和观众数量。通过优化流量分配机制，平台不仅帮助主播快速积累了粉丝，还提高了品牌在目标市场中的渗透率，最终能够促进销售转化。

培训指导是平台帮助主播和品牌商提升直播效果的第三个关键因素。平台定期组织专业的培训课程，涵盖直播技巧、内容策划、观众互动等多个方面。通过系统化的培训，主播和品牌商可以掌握最新的直播趋势和技巧，提升自身的专业素养和直播效果。培训指导不仅增强了主播的自信心和表现力，还提高了品牌商的营销能力和市场竞争力。

为了保障社交电商直播的健康发展，平台在规范直播内容方面承担了重要责任。平台应制定并严格执行直播内容的审核机制，确保所有直播内容符合国家法律法规和平台的社区规范。通过实时监控和事后审查，平台能够及时发现并处理违规行为，维护直播环境的安全和秩序。

合法合规是平台维护平台生态健康的核心要求。平台不仅要确保直播内容不涉及违法、违规和不良信息，还要防范虚假宣传、虚假交易等不法行为。通过建立完善的投诉和举报机制，平台能够及时回应用户的反馈和投诉，进一步保障直播内容的合法合规性。

平台通过制定和推广行业标准，能够提升整个社交电商直播行业的规范化水平。通过与政府、行业协会和其他平台的合作，平台能够推动行业自律和规范化发展，构建公平竞争的市场环境。维护平台生态健康不仅有助于提升用户对平台的信任度，还能促进社交电商直播行业的可持续发展。

（二）平台合作的运营策略

通过联合运营策略，平台、品牌商和主播可以共同制定并实施一系列主题活动。这些活动不仅能够提升品牌的曝光度，而且能够增强用户的黏性和参与感。例如，平台可以与品牌商携手举办限时折扣活动或新品发布会，通过直播形式直接与消费者互动。同时，品牌商可以邀请知名主播推荐和分享产品使用体验，进一步提升品牌的信誉度和影响力。

流量扶持是联合运营策略中的重要组成部分。平台可以通过首页推荐、搜索加权等方式，给予合作品牌和主播更多的曝光机会。这不仅可以提高品牌和主播的知名度，还能吸引更多用户进入直播间，从而增加转化率。此外，平台还可以利用自身的用户数据，向用户精准推荐相关直播内容，以提升用户体验。

通过对用户浏览和购买历史的大数据分析，平台能够为用户推荐可能感兴趣的直播内容，从而提高用户观看时间和购买意愿。

资源置换也是平台合作的关键策略之一。通过与品牌商和主播进行资源共享，平台可以与二者实现互利共赢。例如，平台可以为品牌商提供技术支持和数据分析服务，帮助其优化产品策略和市场推广方案。品牌商则可以为平台提供独家产品和优惠政策，以吸引更多用户关注和参与。主播通过与品牌商的深度合作，可以获得更多优质推荐产品，提高个人的信誉度和粉丝黏性。通过合理配置和资源置换，平台能够实现运营效率的最大化。

数据分析在社交电商直播中的应用日益广泛，它不仅能够优化平台资源配置，还能够显著提高直播效率和用户体验。通过对用户行为数据的深入分析，平台可以了解用户的偏好和需求，从而有针对性地调整直播内容和推广策略。例如，分析用户的观看时长、互动频率和购买行为，可以帮助平台识别哪些产品和主播更受欢迎，从而在资源分配上给予更多倾斜。

实时监控直播间的流量变化、互动情况和销售数据，可以及时发现并解决潜在问题。如果某场直播用户流失率较高，平台可以迅速调整推荐算法，让相关度更高的用户进入直播间。通过分析直播过程中用户的评论和反馈，平台可以发现用户关注的热点话题和问题，从而指导主播在后续直播中进行有针对性的讲解和互动，以提高用户满意度。

提升用户体验是数据分析的重要成果之一。通过精细化分析用户数据，平台可以提供更加个性化的服务。例如，基于用户的历史浏览和购买记录，平台可以推荐个性化的直播内容和产品，从而增加用户黏性。通过分析用户的反馈和评价，平台可以不断优化直播界面和功能设计，提升用户观看体验。通过增加互动功能、优化画质和提升加载速度，平台不仅能够吸引更多用户，还能够提高用户的忠诚度和满意度。

三、供应链合作模式

（一）供应链整合与优化

通过整合供应链资源，电商平台能够更好地把控产品质量，从源头上确保消费者购买到的每一件商品都符合高标准。与优质供应商建立长期合作关系，不仅能够保证稳定的货源，还能够有效应对市场需求波动，保持库存充足。优化采购、仓储及物流环节，能够进一步提升消费者的购买体验，使消费者在下单后可以更快地收到商品，体验到高效、快捷的服务。整合供应链资源还可以提高平台的议价能力，从而在成本上获得优势。通过大规模采购和供应链优化，平台能够在保证产品质量的前提下，降低采购成本。这不仅有助于提升平台的盈利能力，还能将部分成本优势传递给消费者，以更具竞争力的价格吸引更多的用户。这样的策略不仅能提高用户对平台的依赖度，而且能增加平台的市场份额。

通过引入先进的供应链管理技术和信息系统，平台可以实现全流程高效管理。从订单处理、库存管理到配送环节，每个步骤都通过技术手段进行精细化管理，极大地提高了运营效率。自动化和智能化的应用也减少了人力成本和出错率，进一步降低了运营成本。优化供应链流程不仅仅是内部的流程再造，还包括与外部合作伙伴的紧密协作。通过与供应商、物流服务商的合作，建立起高效的供应链网络，实现资源的最佳配置。这样的协同效应不仅能快速响应市场变化，还能增强平台的柔性生产和快速交付能力，提升客户满意度。优化供应链流程在提高效率、降低成本的同时，还能为平台带来显著的竞争优势。通过精益供应链管理，平台能够以更快的速度和更低的成本将优质商品送到消费者手中，赢得市场口碑。长期来看，这种高效、低成本的运营模式将成为平台在激烈市场竞争中立于不败之地的重要保障。

（二）供应链合作的价值

社交电商直播已经成为现代商业模式中的重要一环，通过供应链合作，可以显著提升品牌商产品供应的灵活性和响应速度，以更好地满足市场需求。在社交电商直播中，实时互动和反馈是其核心特点，这对供应链的反应速度提出了极高的要求。通过与上游供应商建立紧密的合作关系，品牌商能够迅速进行产品的上架和下架调整，确保产品能够及时补货，避免因缺货导致的销售损失。供应链的快速响应能力不仅能提升品牌商的运营效率，还能增强消费者的购物体验和满意度。此外，品牌商还可以利用直播数据分析，及时调整产品策略，推出符合消费者偏好的新产品，从而进一步提升市场竞争力。

信息的及时共享和透明化管理是提升供应链响应速度的关键。品牌商和供应商可以利用现代信息技术手段，如大数据分析、物联网和人工智能，实现供应链各环节的信息互通，实时监控库存和物流状况。这种信息化手段不仅提高了供应链的运行效率，还减少了中间环节的冗余，降低了运营成本。通过精准预测市场需求，品牌商可以提前做好备货计划，在直播活动中从容应对各种突发情况。这种高效的供应链管理模式，能够大幅提升消费者的购物体验，增强品牌的市场竞争力和盈利能力。

品牌商与供应商之间的协作关系是社交电商直播取得成功的基石。通过建立长期稳定的合作关系，品牌商和供应商可以共同制定市场策略，优化产品组合，提高市场竞争力和盈利能力。协作关系的增强不仅体现在日常业务的顺畅衔接上，更体现在双方在市场营销、产品研发和客户服务等方面的深度合作。品牌商可以与供应商共同开发定制化产品，满足特定消费群体的需求，提升产品的附加值和市场差异化优势。这种深度合作不仅能提高产品的市场竞争力，还能提升双方的盈利能力。

加强品牌商与供应商之间的协作关系还能促进双方在市场推广和客户服务方面共同努力。品牌商可以借助供应商的资源和渠道，扩大产品的曝光度和影响力；而供应商可以通过品牌商的直播活动，直接接触终端消费者，获取第一手的市场反馈，从而优化产品设计和生产流程。通过这种双向互动和协作，双方不仅可以共享市场红利，还能共同承担市场风险，形成利益共同体，实现共赢发展。这种协作模式不仅有助于品牌商和供应商实现业务的快速增长，还能推动整个行业的良性发展。

四、营销合作模式

（一）直播营销策略

在当今的社交电商环境中，制定有效的直播专属营销策略是取得成功的关键之一。限时折扣和秒杀活动能够迅速引起消费者的购买兴趣和紧迫感。在直播过程中，设定特定时间段内用户可以享受折扣或者进行限量秒杀，能够有效地增加用户的参与感和购买意愿。这种策略通过营造紧张氛围，推动用户快速做出购买决定，从而提升实际销售额。会员专享活动也是一种行之有效的方法，通过为会员提供专属优惠和福利，不仅能够增强用户的忠诚度，还能吸引更多潜在会员加入，形成一个稳定且持续增长的用户群体。

制定直播专属营销策略需要紧密结合消费者的需求和心理。通过大数据分析和用户画像挖掘，可以精准把握用户的消费习惯和偏好，从而制定更具有针对性的营销活动。例如，可以根据用户的购物历史和浏览习惯，向其推荐个性化产品和优惠，提升用户的购买体验和满意度。在直播过程中，主播的互动和引导也非常重要，他们通过即时解答用户疑问、展示产品细节和使用方法，可以使用户增加对产品的信任感和购买欲望。

为了延长营销周期并提高用户转化率，利用直播预热和直播回放是非常有效的手段。

直播预热通过提前发布直播时间、内容预告和优惠信息，可以吸引更多用户关注和预约。在预热阶段，通过社交媒体、短信、电子邮件等多渠道进行宣传和推广，能够有效地扩大覆盖面和影响力。预热期间可以开展互动活动，如抽奖、问答等，增加用户的参与感和期待值，为直播间引流打下坚实的基础。

直播回放功能则可以将直播的影响力延续到直播结束之后。许多用户可能因为时间冲突而错过直播，通过提供直播回放功能，他们仍然可以观看直播内容并参与到后续的营销活动中。回放过程中，可以保留直播中的优惠信息和购买链接，以方便用户随时下单购买。此外，可以通过数据分析回放观看情况，进一步优化直播内容和营销策略，提高用户的购买转化率。

（二）跨平台营销合作

在当今社交电商直播的运营模式中，与其他社交平台和电商平台的合作是扩大直播覆盖范围的重要策略。通过与不同平台的合作，能够将各平台的用户资源整合，形成一个更加庞大的用户群体。这不仅能够提升直播的曝光度，而且能够通过不同平台的特性和用户偏好，精准触达更多潜在消费者。例如，与拥有庞大用户基础的社交媒体平台合作，可以利用其强大的社交网络效应，将直播内容快速传播给更多用户。与专注于垂直领域的电商平台合作，则可以借助其专业化的用户群体，提高直播的转化率和销售额。

与其他平台的合作还可以实现资源互补，增强直播的内容丰富度和互动性。合作伙伴能够提供独特的产品资源、技术支持和营销工具，使直播内容更加多样化和吸引人。例如，合作电商平台可以提供独家商品和优惠活动，吸引用户到直播间参与互动和购买。同时，社交平台可以提供强大的数据分析和用户行为追踪功能，帮助直播运营者更好地了解用户需求和行为，从而优化直播内容和策略。通过这样的资源互补，直播内容更加丰富多彩，用户的观看体验也会大大提升。

跨平台数据共享和联合营销是提高社交电商直播推广效果和用户黏性的重要手段。通过数据共享，合作平台可以互相交换用户行为数据、偏好数据和购买数据，形成一个更加全面和立体的用户画像。这些数据可以帮助直播运营者更加精准地进行用户定位和内容定制，从而提高直播的吸引力和转化率。例如，通过分析用户在不同平台的浏览历史和购买行为，可以发现用户的兴趣点和需求，从而在直播中有针对性地推荐相关产品和服务。

联合营销也是提升直播推广效果的重要策略。通过跨平台的联合营销活动，能够将各平台的资源和优势整合在一起，形成更加强大的市场推广效应。例如，可以通过联合举办大型促销活动、品牌联动活动等方式，吸引更多用户参与。同时，联合营销可以利用各平台的不同渠道和传播方式，形成全方位、多层次的营销矩阵，提升直播的曝光度和影响力。通过这样的合作，能够将直播内容更广泛地触达用户，提高整体的营销效果。

五、社交互动模式

（一）互动玩法设计

通过游戏互动、投票问答、抽奖活动等多种形式，可以极大地增强用户的参与感和黏性。游戏互动是一种非常有效的方式，通过设置简单、有趣的游戏环节，会吸引用户主动参与。例如，知识竞答类小游戏不仅能增加直播间的活跃度，还能提升用户在直播间的停留时间。用户答对问题后获得相应的奖励，这种奖励机制进一步激发了用户的参与热情。

投票问答也是一种备受欢迎的互动形式。在直播过程中，主播可以抛出一些问题，让用户通过投票来表达他们的意见和偏好。这种互动不仅让用户感受到他们的声音被听见，还能为主播提供宝贵的用户反馈，帮助其调整直播内容和策略。投票问答的即时性和互动性，使观众在投票过程中感受到一种参与感和成就感，从而提升了用户的黏性和满意度。

抽奖活动是另一种吸引用户的有效互动玩法。通过设置抽奖环节，可以让用户在观看直播的同时参与抽奖，获得丰厚的奖品。这种互动方式极大地调动了用户的积极性，吸引更多用户进入直播间。抽奖活动的设计应注重公平性和透明度，确保每名参与者都有机会获奖，从而提升用户的信任感和参与度。这不仅增加了直播间的人气，也增强了用户与主播之间的情感联系。

在社交电商直播中，互动数据的收集和分析同样重要。通过对互动数据的深入分析，可以准确把握用户的喜好和行为，从而优化互动设计，提高用户满意度。例如，通过分析用户在不同互动玩法中的参与情况，可以了解用户更喜欢哪种互动形式，从而有针对性地增加此类互动环节。同时，用户的反馈和评论也能为主播提供宝贵的改进建议，帮助主播优化直播内容和策略。

利用大数据技术，可以对用户的行为轨迹进行全面分析，从而精确地了解用户的购物习惯和偏好。这些数据不仅能帮助主播在直播过程中推荐更符合用户需求的商品，还能使主播在后续的直播中进行精准的互动设计。例如，对于喜欢参与游戏互动的用户，可以在直播中增加更多的游戏环节；对于偏好投票问答的用户，可以设置更多的投票问题，增强他们的参与感。通过不断优化和改进互动设计，社交电商直播能够更好地满足用户需求，提升用户体验，进而实现更高的转化率并增强用户黏性。

（二）用户社群运营

建立和运营用户社群是社交电商直播取得成功的重要因素之一。通过创建用户社群，可以增加用户的参与感和归属感，从而提高用户黏性和忠诚度。组织多样化的社群活动，如线上线下的互动交流、主题讨论及产品体验等，可以让用户在互动中感受到品牌的亲和力。同时，提供专属的福利政策，如会员折扣、积分奖励和独家优惠等，可以有效激励用户长期参与和消费。定期举办线上直播活动，邀请用户参与互动问答和抽奖等环节，也能进一步提升用户的活跃度和忠诚度。

运营用户社群需要一套系统化的管理机制。明确社群的目标和定位，针对不同的用户群体制定差异化的运营策略是关键。建立高效的沟通渠道，通过社交媒体和即时通信工具等平台，及时回应用户的问题和反馈，确保用户感受到重视和关怀。定期分析社群数据，了解用户的行为和需求，有针对性地调整运营策略，能够有效提升社群的质量和用户满意度。组建一支专业的社群运营团队，负责日常的社群管理、内容创作和活动策划，确保社群的持续活跃和健康发展。

利用用户社群反馈是优化直播内容和服务的重要手段。通过社群平台，可以实时收集用户的意见和建议，更准确地把握用户的需求和偏好。例如，用户在直播过程中提出的产品功能改进建议和直播形式创新意见，都可以作为改进直播内容的重要参考。定期进行用户满意度调查和问卷调查，深入了解用户对直播内容、产品质量和客服等方面的评价和期望，从而有针对性地进行改进。

建立反馈机制，鼓励用户积极分享他们的体验和意见是提升直播内容和服务质量的关键。通过设立专门的反馈渠道，如社群讨论区和意见箱，可以方便用户进行反馈。对于用户提出的建设性意见，应及时给予回应和落实，并在社群中进行公开反馈，以增强用户的参与感和信任感。通过不断优化直播内容和服务，提升用户满意度和忠诚度，从而实现社交电商直播的长远发展。

第三节　社交电商直播的收入来源

一、消费者创造的收入

（一）直接购买收入

在社交电商直播中，直接购买收入是最直接且最重要的收入来源之一。通过直播，主播能够展示产品的实际使用效果、特点和优势，并实时与消费者互动，回答消费者的疑问，增加消费者的信任感和购买欲望。这种实时互动和展示的模式，极大地缩短了消费者的决策时间，促进了即时的购买行为。数据显示，直播电商的转化率远高于传统电商，这直接反映在销售额的增长上。通过直播间的商品链接或购物车功能，消费者可以在观看直播的同时即时完成购买，因此直接购买收入成为电商直播的重要收入来源。

社交电商直播中的直接购买收入不仅来自产品本身，还可以通过多种其他方式增强消费者的购买体验，从而提升直接购买收入。限时优惠、秒杀活动、赠品策略等都是主播常用的营销手段，这些营销手段能够有效地激发消费者的购买欲望，增加购买的紧迫感，吸引消费者更快下单。主播的个人魅力和专业知识也起到了至关重要的作用，通过生动的演示和详细的讲解，主播能够打消消费者的疑虑，增强产品的吸引力。

在社交电商直播过程中，直接购买收入还受到平台技术水平和运营能力的影响。直播平台通常会提供诸如实时数据分析、精准营销推送、用户画像等技术支持，这些技术手段帮助主播更好地了解消费者的需求，优化直播内容，提高转化率。同时，平台支付系统和物流服务等配套设施的完善，确保了消费者能够顺利完成购买，提高了消费者的满意度和复购率。这些技术支持和服务保障为直接购买收入的提升提供了坚实的基础。

直接购买收入也与主播的品牌合作密切相关。许多品牌商通过与知名主播合作，将产品推广给主播的粉丝群体，这种合作不仅扩大了品牌的影响力，也带来了可观的销售收入。品牌商通常会为主播提供佣金或销售分成，这使主播在推广产品的同时，也能够获得丰厚的收入，从而进一步激励他们在直播过程中推销产品。品牌合作的模式不仅有助于提高产品的销售额，也增强了主播与消费者之间的信任关系。

（二）打赏与礼物收入

打赏与礼物收入是社交电商直播平台的重要收入来源之一，其核心在于消费者通过实时互动来表达对主播的支持和认可。这种支持形式不仅增强了消费者与主播之间的情感连接，还为主播提供了直接经济收益。在社交电商直播中，打赏与礼物通常以虚拟货币或虚拟礼物的形式存在，消费者通过购买这些虚拟物品来表达对主播的喜爱和支持。在直播过程中，主播往往会通过一些互动环节或特别的表现来吸引观众打赏，这不仅提高了直播的趣味性和互动性，也增加了观众的参与感。

打赏与礼物收入的增长在很大程度上依赖于主播的个人魅力和内容创作能力。优秀的主播不仅能够创造出吸引人的内容，还能够与观众建立起密切的情感连接，从而激发观众的打赏欲望。主播的专业素养、直播技巧以及与观众的互动方式都直接影响着打赏与礼物收入的高低。为了提高打赏收入，主播需要不断提升直播内容的质量，掌握更多的互动技巧，增强观众的参与感和忠诚度。

平台在打赏与礼物收入中也扮演着不可或缺的角色。一方面，平台通过提供多样化的虚拟礼物和打赏选项，满足不同层次消费者的需求；另一方面，平台通过技术手段（如大数据分析和人工智能），帮助主播更好地了解消费者的偏好和行为，从而优化直播内容和互动策略。此外，平台还通过举办各种活动和赛事，激发消费者的打赏热情，进一步推动打赏与礼物收入的增长。

打赏与礼物收入不仅仅是经济上的收益，它还在一定程度上反映了主播的影响力和消费者的忠诚度。高额的打赏和频繁的礼物赠送表明主播在消费者心目中具有较高的地位和吸引力，也为主播在未来的发展提供了坚实的基础。这种基于情感和互动的收入模式，正是社交电商直播区别于传统电商模式的重要特征之一。

社交电商直播平台通过打赏与送礼物模式，不仅增加了互动性和趣味性，而且极大地提升了消费者的参与感和满意度。在未来，随着技术的进步和平台的不断优化，打赏与礼物收入有望继续成为社交电商直播的重要组成部分，推动这一新兴商业模式的发展。

二、品牌商的收入

（一）商品销售直接收入

1. 直播带货

品牌商通过签约知名主播或自建直播间，直接在直播过程中展示和推荐自家产品。主播通过生动的讲解、试用演示和互动问答，激发消费者的购买欲望，引导消费者下单购买。这种销售模式不仅提高了产品的曝光率，还大大缩短了消费者的购买决策路径，从而实现了销售收入的快速增长。

2. 限时折扣与促销

在直播过程中，品牌商常常推出限时折扣、满减优惠、赠品等促销活动，以吸引更多消费者下单。这些优惠措施不仅提升了产品的性价比，还激发了消费者的购买紧迫感，进一步促进了销售收入的增加。

（二）广告投放和品牌推广

1. 精准广告投放

社交电商平台拥有强大的数据分析能力，能够基于用户的浏览历史、兴趣偏好等数据，为品牌商提供精准的广告投放服务。品牌商可以根据目标消费群体的特征，选择合适的广告形式和投放时机，实现广告效果的最大化。通过精准广告投放，品牌商能够有效提升品牌曝光度和转化率，从而增加销售收入。

2. 品牌推广合作

品牌商可以与直播平台上的知名主播进行合作，通过他们的影响力来推广自己的品牌和产品。这种合作方式不仅能够帮助品牌商快速触达目标消费群体，还能通过主播的口碑传播增强品牌的信任度和忠诚度。品牌商可以根据合作主播的影响力和粉丝数量来支付合作费用，这些费用通常包括固定费用和基于销售额的提成费用。

品牌商可以与其他品牌或 IP 进行联名或跨界合作，共同推出限量版产品或联名款。通过直播平台的广泛传播，这些联名产品能够迅速吸引大量粉丝和消费者的关注，从而带动销售收入的增长。品牌商在合作过程中可以获得一定的分成或授权费用。

（三）定制化服务收入

品牌商通过与主播合作，能够为消费者提供定制化的直播内容和服务，满足特定消费群体的需求，进而实现销售和品牌影响力的提升。这种定制化服务不仅包括产品的个性化推荐和展示，而且涵盖了专属的售后服务和用户体验优化。通过与主播的深度合作，品牌商可以更加精准地触达目标消费者，提升品牌的市场竞争力和用户忠诚度。

在具体操作上，品牌商通常会与专业的直播团队合作，制订详细的直播计划和内容策略。根据不同产品的特性和目标市场需求，品牌商可以选择合适的主播，并针对特定的消费群体设计定制化的直播互动环节。这种方式不仅可以增强消费者的购物体验，还能有效提高产品的转化率和销售额。例如，某些高端品牌会通过定制化的直播活动，展示产品的独特设计和工艺，吸引注重品质和个性化的高端消费者。

实现定制化服务收入也离不开数据分析和用户反馈的支持。品牌商通过对直播数据的分析，可以了解消费者的偏好和需求，从而不断优化直播内容和服务。用户在直播中的互动和反馈，也为品牌商提供了宝贵的市场信息，帮助其调整产品策略和营销方案。通过不断改进和完善定制化服务，品牌商不仅可以增加收入，还能提升品牌形象和市场认可度。

通过精准的用户定位和个性化的直播内容，品牌商不仅能够实现销售收入增长，还能够增强品牌与消费者之间的情感连接，建立长期的客户关系。这种双赢的模式，既满足了消费者的个性化需求，又为品牌商带来了可观的经济效益和市场竞争力。

三、电商平台的收入

（一）平台抽成收入

在当前的社交电商直播环境中，电商平台通过平台抽成获取收入是其主要的盈利方式之一。平台抽成收入指的是电商平台对通过其平台进行的直播销售所产生的交易金额收取一定比例的费用。

平台抽成收入的优势主要体现在稳定性和可预测性上。与传统广告模式不同，抽成收入直接与实际销售额挂钩，因此平台可以根据销售额的波动及时调整运营策略。这种收入模式还增强了平台与品牌商之间的利益绑定，从而推动平台积极改善用户体验和技术支持，提升整体销售转化率。

然而，平台抽成收入模式也面临一些挑战。过高的抽成比例可能会增加品牌商的运营成本，从而影响其在平台上的活跃度和竞争力。在多平台竞争的环境下，品牌商可能会选择抽成比例较低的平台进行直播销售，这对平台的用户留存和市场份额都是不小的考验。因此，电商平台在制定抽成比例时需要综合考虑市场竞争、品牌商需求和自身运营成本等多方因素，实现平衡发展。

最终，平台抽成收入作为社交电商直播的重要收入来源，不仅为平台带来了直接经济收益，也促进了平台与品牌商之间的深度合作。通过制定合理的抽成政策，平台可以在激烈的市场竞争中保持优势，持续吸引优质品牌商和消费者，实现长期可持续发展。

（二）增值服务收入

增值服务收入是电商平台通过提供额外服务获取的收益，这种模式已成为社交电商直播的重要收入来源之一。不同于传统的商品销售，增值服务收入强调通过多样化、个性化的服务满足用户的深层次需求，从而提升用户体验和忠诚度。例如，电商平台可以提供直播技术支持、数据分析服务、精准营销策略等，从而帮助品牌商优化直播效果，提升销售转化率。

1. 广告投放

电商平台通过精确的用户画像和行为数据，为品牌商提供精准的广告投放服务，确保广告内容能够有效触达目标用户。通过这种方式，品牌商可以显著提升广告的有效性和转化率，而平台可以从广告投放中获取稳定的收入。广告投放不仅能为品牌商带来更高的曝光度，还能帮助平台进一步细分和精准定位用户群体。

2. 会员订阅

通过提供专享优惠、优先购买权等特权，电商平台吸引用户成为付费会员。

这种服务模式不仅能增加用户的忠诚度，还能为平台提供稳定的收入流。会员订阅服务通常包含一系列专属福利，如限时折扣、提前购买新品等，这些福利能够有效提升用户在平台上的活跃度和购买频率。

（三）数据服务收入

电商平台通过提供数据服务获取收入，成为社交电商直播经济生态中的重要组成部分。数据服务收入主要来源于平台收集、分析和提供的数据资源，这些数据不仅包括消费者的交易数据，还涵盖了用户的行为数据、社交互动数据以及直播互动数据等。对于电商平台及品牌商而言，这些数据具有极高的商业价值，可以帮助他们更好地理解市场需求，优化营销策略，提高销售转化率。

电商平台通过多种方式提供数据服务。例如，平台可以为品牌商定制详细的数据分析报告，提供消费者行为分析、产品受欢迎程度、直播观看时长等关键信息。这些报告帮助品牌商了解消费者的偏好和需求，从而调整产品定位和营销策略。通过对消费者行为的深度分析，品牌商可以明确市场趋势和潜在的消费需求，进而进行有针对性的推广，提高市场占有率和销售额。

电商平台可以提供实时数据监测和分析工具，品牌商可以通过这些工具实时跟踪直播间的观众数据、互动数据和销售数据，及时进行策略调整，提高直播间的互动性和购买转化率。实时数据监测使品牌商能够迅速反应，并根据观众的实时反馈进行内容和营销策略调整，提升直播的效果和观众参与度，从而增加销售机会和销售量。

数据服务收入不仅仅局限于基础的数据分析和报告。随着技术的进步，电商平台还可以通过人工智能和机器学习技术，提供更为精准和智能化的数据服务。例如，平台可以根据用户的历史行为数据和偏好进行个性化推荐，提高用户的购物体验和满意度。通过智能推荐系统，平台能够为用户提供更符合其兴趣和需求的产品，增加用户的购买意愿和忠诚度。

平台还可以对直播内容进行智能分析，帮助品牌商优化直播内容，提升直播效果和用户黏性。通过分析直播内容的受欢迎程度、用户互动情况和销售转化率，可以让品牌商有针对性地改进直播策略和内容，吸引更多的用户和潜在消费者，提高直播的商业价值和效益。

四、主播的收入

（一）基础工资收入

在社交电商直播中，基础工资收入是主播最为稳定和基本的收入来源之一。作为直播平台与主播签订的基础薪酬，这部分收入主要用于保障主播在直播初期或粉丝基础并不牢固时的基本生活需求。基础工资收入的设立，体现了直播平台对主播这一职业的认可和支持，为主播提供了相对稳定的经济保障，减轻了主播在初期发展阶段的经济压力。

基础工资收入的具体数额通常会根据主播的影响力、粉丝数量及直播时长等因素进行调整。在一些大型社交电商平台，基础工资收入可能会与绩效挂钩，设定一定的考核标准和任务量，以激励主播提高直播质量和吸引更多的观众。这种考核机制不仅有助于提升主播的专业水平，也能增强其对平台的忠诚度和依赖性。

基础工资收入的发放频率和方式会因平台不同而有所差异。有些平台采取月结方式，而有些平台可能采用周结或日结方式，以更灵活的方式满足主播的收入需求。基础工资的发放方式和频率在一定程度上反映了平台对主播的管理模式和运营策略。

（二）佣金与提成收入

在社交电商直播的生态系统中，主播的收入来源之一是佣金与提成收入。这种收入模式主要通过与品牌或品牌商的合作来实现。主播在直播过程中向观众推荐产品，一旦观众通过主播的推荐链接购买了产品，主播即可获得相应的佣金或提成。这种模式不仅激励主播积极推广产品，也有助于品牌商提升销售额和品牌曝光率。

佣金与提成收入的具体比例往往取决于主播与品牌商之间的协议。通常情况下，佣金比例会根据产品的种类、市场需求及主播的影响力等因素进行调整。例如，高利润产品或品牌宣传性较强的产品，佣金比例可能较高。而对于一些低利润产品，佣金比例则相对较低。知名度较高的头部主播由于其强大的带货能力，往往能够谈判到更高的佣金比例。

为了最大化佣金与提成收入，主播需要具备一定的产品知识和推广技巧。

在直播过程中，主播不仅要展示产品的功能和特点，还需要通过互动和情感共鸣吸引观众的购买兴趣。优秀的主播往往能够通过生动的讲解和真实的使用体验来增强观众的信任感，从而提高购买转化率。通过与观众建立情感联系，主播能够更有效地推荐产品，进一步推动产品销售。

佣金与提成收入的成功获取还依赖于主播与观众之间的关系维护。长期以来，信任是社交电商直播的核心要素。主播需要通过持续的高质量内容输出和积极的互动，建立并维持与观众的信任关系。只有当观众对主播产生信任，他们才会更愿意通过主播的链接购买推荐产品，从而为主播带来更高的佣金与提成收入。这种基于信任的收入模式也促使主播在选择合作品牌商和产品时更加谨慎，以确保推荐产品的质量和服务。

在整个社交电商直播生态系统中，佣金与提成收入不仅是主播的主要收入来源之一，也是推动主播与品牌商合作的重要动力。这种收入模式通过激励主播积极推广产品，提升品牌商的销售额和品牌曝光率，形成了一个互利共赢的商业生态。主播的成功不仅依赖于自身的推广技巧和产品知识，还需要通过与观众建立深厚的信任关系，以确保长期稳定的收入。

（三）商业合作收入

在当今的社交电商直播中，商业合作收入也是极其重要的收入来源。通过与品牌或品牌商建立合作关系，主播可以在直播平台上推广产品，最终实现销售转化。在直播过程中，主播通过展示、试用和讲解等多种手段，向观众推荐合作品牌的产品。这不仅提高了品牌的曝光率，还能直接促进销售额的增长。

获取商业合作收入需要主播具备一定的影响力和粉丝基础。品牌商通常会根据主播的粉丝数量、互动率和直播间流量等指标进行评估，从而选择合适的主播进行合作。这样的合作模式不仅为主播带来了可观的收入，还能增强其在粉丝群体中的影响力和信任度，形成良性循环，使主播和品牌双方都受益。

商业合作收入的形式相当多样化，主要包括固定费用、销售提成和混合模式等。固定费用是指品牌商为主播提供固定的推广费用，不论销售结果如何；销售提成是指品牌商根据实际销售额提取一定比例支付给主播；混合模式则结合了固定费用和销售提成的特点。多元化的收入模式拓宽了主播的收入渠道，进一步提升了他们的商业价值。

成功获取商业合作收入还需要主播具备一定的专业素养和商业敏感度。主播不仅要了解产品的特点和优势，还需要精准把握粉丝的需求和消费习惯，进行有针对性的推荐。同时，主播需要与品牌商保持良好的沟通，确保合作顺利进行。通过这些方式，主播不仅能够获得稳定的商业合作收入，还能提升自身的职业形象和市场竞争力。

五、其他收入来源

（一）版权与内容授权收入

在社交电商直播的多元化收入模式中，版权与内容授权收入正逐渐成为一个重要的盈利渠道。通过对原创内容的版权进行保护和授权，主播和直播平台不仅能够确保自身权益，还能通过合法授权的方式获取额外收入。这种收入模式不仅为内容创作者提供了新的盈利途径，也有助于优质内容的广泛传播和再利用。

在社交电商直播的生态体系中，创作和保护优质内容显得尤为关键。主播在直播过程中常常会创造出具有独特性和原创性的内容，这些内容不仅包括直播视频，还涵盖直播过程中展示的图文、音频等多种形式。通过版权保护，可以防止这些内容未经授权就被使用和传播，从而保障内容创作者的权益。内容授权则为这些原创内容的再次利用提供了合法途径，其他平台或个人通过支付授权费用，可以合法使用这些内容，从而推动内容的传播和创作者的收入增长。

实现版权与内容授权收入有多种形式。例如，主播或平台可以将直播内容制作成短视频、文章或其他形式的内容，授权给其他媒体平台进行发布。这样不仅增加了内容的曝光率，还能通过授权费用获得额外收入。直播平台还可以与影视公司、出版机构等合作，将直播内容改编成影视作品、图书等，从而实现多元化的收入来源。

版权与内容授权收入的实现，依赖于完善的版权保护机制和高效的内容授权管理系统。直播平台应建立完善的版权保护措施，确保原创内容不被侵权。同时，平台应建立高效的内容授权管理系统，方便内容创作者和使用者进行版权交易。通过这些措施，版权与内容授权收入不仅可以为直播平台和主播带来可观的经济收益，还能促进整个社交电商直播行业的健康发展。

（二）第三方合作收入

在社交电商直播行业中，第三方合作收入是一项至关重要的收入来源。通过与其他品牌、品牌商或服务提供商进行合作，主播和平台能够获得多种形式的经济收益。这些合作形式通常包括广告植入、品牌代言和联合营销活动等。借助主播的流量和影响力，品牌商能够有效实现产品曝光和销售转化，而主播通过合作可获得广告费或佣金收入。

主播的影响力和粉丝基础是第三方合作收入形成的关键因素。具有较高知名度和强大粉丝黏性的主播，能够吸引更多品牌的关注和合作意向。这不仅可以让品牌商通过直播平台进行精准营销，还能利用主播的个人魅力及与粉丝之间的信任关系，增强消费者的购买意愿和忠诚度。同时，随着合作的增多，主播的个人品牌效应也会不断提升，形成良性循环。

多样化的合作形式为第三方合作收入带来了更多可能性。主播可以通过参与品牌活动、产品测评和创意内容制作等多种方式，与品牌商进行深入合作。这种多样化的合作形式不仅增加了主播的收入渠道，也提升了直播内容的丰富性和吸引力，进一步增强了用户的观看体验和互动积极性。

（三）跨境电商收入

跨境电商收入作为社交电商直播的重要组成部分，近年来展现出巨大的发展潜力。随着全球化进程的推进，跨境电商为各国消费者提供了更加多样化的商品选择，也为品牌商开辟了新的市场渠道。

社交电商直播平台通过直播内容吸引全球消费者，直接促进了商品的跨境销售。主播通过展示、评测、试用等方式，让消费者能够更直观地了解产品的特点和使用效果，增强了消费者购买的信心。这种实时互动的购物体验，极大地提升了跨境电商的销售转化率。同时，直播平台通过与国际品牌和供应商进行合作，能够引入更多优质商品，进一步丰富产品线，满足多样化的消费需求。

跨境电商的物流和支付服务为社交电商直播提供了有力的支持。高效的跨境物流网络和便捷的跨境支付系统，是保障跨境电商顺利进行的关键。社交电商直播平台通过与物流品牌商和支付服务提供商的合作，能够为消费者提供更加快速、可靠的配送服务和安全、便捷的支付方式。

社交电商直播平台还可以通过提供定制化的增值服务，进一步增加跨境电商收入。平台可以为跨境品牌商提供市场调研、广告投放、品牌推广等服务，帮助品牌商更好地开拓和运营海外市场。这些增值服务不仅能够为平台带来直接的服务收入，还能够增强平台的竞争力和吸引力，吸引更多品牌商入驻，形成良性循环。

第二章　社交电商直播的营销策略

第一节　内容营销策略

一、内容创作的核心要素

（一）目标受众分析

只有深入了解目标受众的特点，准确把握其需求和偏好，才能制定出精准、高效的内容营销方案。这不仅关乎内容的吸引力和转化率，还关乎品牌的形象塑造和长期发展。

从消费心理学角度来看，社交电商直播的目标受众具有明显的社交属性。相较于传统电商，他们更看重购物过程中的社交体验和情感满足。通过与主播、其他消费者的实时互动，他们能够获得归属感和认同感，从而减少现实生活中的孤独感。因此，社交电商直播应着力营造轻松愉悦的社交氛围，鼓励消费者积极参与讨论和分享，满足其社交需求。社交电商直播要注重展现主播的个人魅力和亲和力，使其成为消费者心中值得信赖的"意见领袖"，引导消费者进行消费决策。

从需求层次理论来看，社交电商直播的目标受众不仅追求物质需求的满足，还追求精神层面的愉悦体验。马斯洛需求层次理论指出，人类的需求从低到高依次为生理需求、安全需求、社交需求、尊重需求和自我实现需求。社交电商直播要满足消费者在不同需求层次上的诉求，既要提供优质、实惠的商品，保障基本的物质需求，又要注重情感价值的传递，为消费者带来身心愉悦的体验。例如，主播可以分享个人成长历程、生活感悟，以引发消费者情感共鸣，满足其精神层面的需求。

从媒介接触行为来看，社交电商直播的目标受众呈现出"碎片化"特征。他们习惯利用碎片化时间浏览信息，注意力高度分散。因此，社交电商直播要有针对性地设计直播内容、形式和节奏，迎合消费者的媒介接触习惯。一方面，内容呈现要突出重点，精简明了，避免冗长、啰唆。另一方面，要善用提问、抽奖等互动环节，激发消费者的参与热情，延长其停留时间。社交电商直播还要注重对短视频、图文等多元内容的整合，实现全媒体渗透，最大限度地触达和吸引目标受众。

（二）主题与风格选择

社交电商直播主题能够吸引目标受众的注意力，引发其产生兴趣和共鸣，进而提升内容传播的广度和深度。鲜明的风格有助于塑造独特的品牌形象，提高消费者的黏性和忠诚度。因此，选择直播内容的主题与风格时需要深思熟虑，精准定位。

从主题选择的角度来看，社交电商直播需要紧跟时事热点，把握消费者的需求。当下，健康、环保、个性化消费等话题备受关注，直播内容可以围绕这些主题展开。例如，随着消费者环保意识的提升，直播可以重点推介绿色环保的产品，普及可持续发展理念。此外，个性化、定制化的消费需求日益凸显，直播内容应顺应这一趋势，提供个性化的产品推荐和使用指导。

除了把握热点话题，社交电商直播还应深入挖掘细分领域的独特主题。聚焦细分市场有助于形成差异化优势，吸引特定群体的关注。例如，针对追求时尚潮流的年轻群体，直播可以重点关注新品发布、潮牌合作等内容；针对注重品质生活的中产阶级，直播可以侧重于高端品牌的测评、使用体验分享等。只有找准目标群体，深入了解其需求和痛点，才能选择最具吸引力和针对性的直播主题。

鲜明的风格能够形成品牌记忆点，提升消费者的认知度和好感度。直播风格的选择要与品牌调性保持一致，同时兼顾主播的个人特色。例如，对于专业型的美妆品牌，主播可以采用细致入微的讲解风格，强调产品功效和使用技巧；对于年轻时尚的服饰品牌，主播可以运用活泼有趣的互动风格，渲染轻松愉悦的氛围。主播在风格塑造中起到至关重要的作用，其个人魅力和独特气质都能够为直播内容增色不少。因此，品牌方需要甄选与风格契合的主播，通过专业培训提升其专业度和表现力，使其在直播过程中展现独具特色的直播风格。

社交电商直播内容的主题与风格选择还需要适时调整。随着时间推移，消费者的审美和偏好会发生改变，直播内容也要与时俱进。通过数据分析和消费者反馈，直播团队可以洞察消费者需求的变化，及时调整直播内容及策略。例如，通过分组测试比较不同主题和风格下的消费者互动数据，筛选出最佳组合；通过问卷调查和评论分析，深入了解消费者对直播内容的评价和改进建议。只有坚持以消费者为中心，持续优化内容质量，才能保持直播的长久生命力。

（三）多媒体元素整合

在社交电商直播中，多媒体元素的有机整合可以极大提升内容营销的效果。图片、视频、音频等多媒体形式各具特色，将它们巧妙地融入直播内容，能够为消费者带来更加丰富、生动的体验。不同的多媒体元素在吸引注意力、传递信息、引发互动等方面各有所长，恰当的搭配使用可以实现优势互补，从而最大化地发挥内容营销的价值。

利用图片、视频等元素丰富直播场景，可以有效吸引消费者的注意力。例如，在服装类直播中，主播可以穿戴不同风格的服饰，搭配精心设计的场景布置，营造出独特的视觉效果。又如，在美妆类直播中，主播可以通过细致入微的特写镜头，展示产品的质地、色彩等细节，满足消费者的好奇心理。视觉元素的精心设计和运用，能够在第一时间抓住消费者的眼球，为后续营销奠定基础。

主播的讲解是引导消费者了解产品、激发购买欲望的重要途径。通过声音的抑扬顿挫、情感表达，主播可以将产品的卖点、使用体验等信息生动地传递给消费者。背景音乐的选择也需要匹配直播的整体氛围，烘托情感，渲染气氛。声音元素的巧妙运用，能够深化消费者对直播内容的理解和感知，提升营销效果。

互动是社交电商直播的灵魂，而多媒体元素在促进主播与消费者互动方面发挥着重要作用。例如，主播可以在直播中发起投票，邀请消费者对不同款式的服饰进行选择；主播还可以通过画面分享、连麦互动等形式，与消费者实时交流、解答疑问。一些品牌尝试利用增强现实技术，为消费者提供虚拟试妆、虚拟试穿等互动体验。这些互动形式不仅增强了直播的趣味性，还能够有效提升消费者的参与度和转化率。

多媒体元素的整合应用，还能够帮助品牌商塑造品牌形象，提升品牌认知度。品牌商可以在直播中融入品牌故事、文化元素，并通过图文、视频等形式生动呈现，加深消费者对品牌的了解和认同。例如，一些手工品牌会在直播中分享匠人的制作过程，展示产品背后的故事；一些科技品牌则会通过炫酷的产品展示和技术解读，彰显品牌的创新实力。多媒体元素与品牌内涵的完美融合，能够使直播更具表现力，提升品牌溢价。

二、内容分发渠道的选择

(一) 社交媒体平台

社交媒体平台拥有海量消费者和多元化的内容和形式，为品牌商提供了广阔的营销空间。在社交媒体平台上，品牌商可以通过文字、图片、视频等多种方式，生动形象地展示产品特点和优势，吸引消费者的注意力。这些平台的社交属性使消费者可以便捷地分享、评论和互动，增强营销内容的传播力和影响力。

然而，要在社交媒体平台上实现有效的内容营销，品牌商还需要深入了解各个平台的特点和规则，精准定位目标受众，制定差异化的传播策略。品牌商需要根据这些差异，有针对性地设计、投放内容，以达到良好的营销效果。

在社交媒体平台上开展内容营销，还需要注重内容的真实性和价值性。只有持续输出高质量、有价值的内容，才能赢得消费者的信任和支持，塑造稳固的品牌形象。这就要求品牌商深耕细作，洞察消费者的需求，用心生产优质内容，而不是急功近利、投机取巧。

社交媒体平台的算法机制也对内容营销产生了深远影响。各大平台普遍采用基于消费者兴趣和行为的推荐算法，优质内容更容易获得曝光和传播。这对品牌商而言既是机遇也是挑战。一方面，好的内容可以通过算法的助推触达更多消费者，实现裂变式传播；另一方面，算法的频繁更新也使内容营销更具有不确定性。因此，品牌商需要及时调整策略，把握算法的变化趋势。

社交媒体平台不仅是内容分发的渠道，而且是挖掘消费者、获取市场反馈的重要阵地。通过分析消费者在社交媒体上的行为数据（如点赞、评论、转发数据等），品牌商可以洞悉消费者的喜好特点、消费习惯，进而优化内容及策略，提升营销精准度。品牌商还可以通过社交媒体直接与消费者互动交流，及时获取反馈意见，改进产品和服务。这种实时、高效的互动模式，有助于增强消费者的黏性，提高消费者对品牌的忠诚度。

(二) 视频分享平台

相较于传统的电商平台，视频分享平台为品牌商提供了更加生动、直观的商品展示方式，能够更有效地吸引消费者的注意力。在视频分享平台上，品牌商可以通过直播、短视频等形式，将产品的功能、特点、使用方法等信息生动地呈现在消费者面前，使其对产品有更加深入、全面的了解。品牌商还可以利用视频分享平台的互动功能，及时回应消费者的疑问和反馈，加强与消费者的情感连接，提升品牌美誉度和忠诚度。

从内容创作的角度来看，视频分享平台为品牌商提供了广阔的创意空间。品牌商可以根据产品特点和目标受众的偏好，精心设计视频内容，突出产品卖点，引发消费者的购买兴趣。例如，对于某款新上市的智能手机，品牌商可以制作一系列短视频，展示其在拍照、游戏、办公等方面的出色表现，让消费者感受到产品的实用性和创新性。又如，对于一款护肤品，品牌商可以邀请美妆博主进行直播试用，通过专业人士的讲解和示范，增强消费者对产品功效的信任度。视频分享平台为品牌商提供了丰富的内容展示方式，帮助其塑造更加鲜活、立体的产品形象。

从传播效果的角度来看，视频分享平台具有极强的传播力和影响力。一方面，视频内容更容易引发消费者的共鸣，激发其分享意愿，优质的视频内容能够在短时间内获得大量的点赞、评论、转发，触达更广泛的受众群体。另一方面，视频分享平台往往拥有庞大且忠诚的消费者群体，这些消费者有着相对集中的兴趣爱好和消费需求，品牌商可以通过数据分析，精准地将视频内容推送给目标受众，提高传播的精准度和转化率。许多视频分享平台还提供了信息流广告、关键词广告等多种推广工具，帮助品牌商进一步扩大视频内容的影响力，触达更多潜在消费者。

在视频分享平台上开展营销活动，品牌商还需要遵循平台规则，注重内容质量和消费者体验。粗制滥造、虚假夸大的视频内容不仅无法吸引消费者，还可能损害品牌形象。过于频繁、强硬的商业推广也可能引起消费者的反感，降低传播效果。因此，品牌商需要在内容创意、发布频率、互动方式等方面把握分寸，只有以真诚、专业的态度，为消费者提供有价值、有意义的视频内容，才能在竞争激烈的市场中脱颖而出，建立起良好的品牌口碑。

（三）电子邮件

电子邮件通过精准、个性化的内容传递，提升消费者的参与度和转化率，为整个营销过程提供有力支撑。电子邮件营销的核心在于针对性。通过细分消费者群体，分析其需求特点，制定差异化的邮件内容和投放策略，能够最大限度地提高邮件的打开率和点击率。例如，对于高频次观看直播且有购买意愿的消费者，可以定期发送含有优惠券、限时折扣等促销信息的邮件，刺激其下单购买；对于观看频次较低的消费者，则可以发送直播内容预告、新品上线等消息，吸引其关注邮件，提高其参与度。

电子邮件营销能够实现内容的精准投放。通过追踪消费者在直播间的浏览、互动行为，分析其兴趣偏好，进而根据这些数据实现个性化邮件内容推送。例如，对于经常关注美妆类直播的消费者，可以重点推送美妆新品试用报告、使用心得等内容；对于偏爱数码产品的消费者，则可以有针对性地发送相关产品的评测、使用技巧等内容。这种基于消费者画像和行为数据的精准投放，不仅能提高邮件的打开率，还能增强消费者对品牌和产品的认同感，促进二次转化。

电子邮件可以与社交媒体平台、短信等其他营销渠道相结合，形成立体化的营销矩阵。例如，在直播前可以通过邮件推送直播预告，引导消费者关注；在直播过程中，可以借助弹幕、评论等互动形式，引导消费者加入邮件订阅；在直播结束后，可以通过邮件发放优惠券、促销信息，增强直播的营销效果。多渠道的协同运作，能够最大化触达消费者，提升整体营销绩效。

需要注意的是，过于生硬、缺乏创意的邮件内容不仅难以吸引消费者注意，还可能引起消费者反感，导致退订邮件，甚至对品牌形象产生负面影响。因此，在设计邮件内容时，要立足消费者的需求，讲求话题原创性和时效性，通过活泼、幽默的文案风格和精美的视觉设计吸引消费者。此外，品牌商还要注重邮件发送的频率和对发送时间的把控，切忌频繁发送邮件而引起消费者反感。

品牌商还可通过持续跟踪邮件打开率、点击率、转化率等关键指标，洞察营销策略的有效性，及时调整、优化邮件内容和投放策略。这种数据驱动的营销优化模式，能够最大限度地提升投资回报率，实现精准、高效的营销转化。

三、消费者生成内容的利用

（一）消费者的评论与评价

消费者的评论与评价能够为主播和品牌商提供宝贵的反馈信息，帮助他们更好地了解消费者的需求和偏好，优化直播内容和产品设计。同时，积极利用消费者的评论与评价，能够提升消费者的参与度和忠诚度，增强品牌影响力和口碑传播效果。

从内容创作的角度来看，消费者的评论与评价是一座"富矿"，蕴藏着大量有价值的素材和灵感。主播可以通过仔细分析消费者的评论内容，发现他们关注的热点话题、痛点问题，以及消费者喜闻乐见的表现形式，进而有针对性地调整直播主题、风格乃至互动方式。例如，如果多数消费者频繁提及某款产品的使用体验或心得感悟，主播就可以策划一期以该产品为主题的直播活动，邀请相关人员分享品牌故事，传递更多有温度、有价值的信息。又如，如果评论区出现较多负面评价，主播就需要及时查找原因，诚恳回应质疑，必要时还要进行整改，以重建与消费者的信任关系。消费者的声音是内容创作的指南针，唯有时刻聆听、真诚对话，才能设计出更加贴近消费者、满足消费者的优质内容。

从口碑传播的角度来看，消费者的评论与评价是一个强大的"放大器"，能够显著提升内容和产品的知名度与美誉度。当下，越来越多的消费者习惯于通过网络搜索、查阅评价的方法辅助购物决策。一些中肯、翔实的使用体验分享，往往比品牌商和主播的"自卖自夸"更有说服力。因此，主播要注重引导和激励消费者参与评论互动，鼓励他们留下真实、具体的使用感受和心得体会。面对消费者的评价和反馈，主播还要予以积极回应，耐心解答疑问，认真听取改进建议，让消费者感受到被重视和被尊重。久而久之，消费者与主播、消费者与消费者之间就能形成良性互动，串联起一个个口碑传播的正反馈循环。

消费者的评论与评价是一组有价值的结构化与非结构化数据，可用于消费者画像、产品优化乃至营销决策等。通过数据挖掘和情感分析技术，主播可以发现消费者群体的细分特征，如年龄段、地域分布、偏好属性等，进而实现更加精准的定位和传播。对评论内容进行关键词提取和语义聚类，还能揭示不同消费者关注的卖点、痛点，优化产品设计与包装策略。为了进行数据分析，品牌商需要建立科学的指标评估体系，长期收集消费者反馈，运用必要的统计学模型为营销决策提供可靠的依据。同时，主播既要重视数据工具的使用，也要注重人文情怀。

（二）消费者的视频与图片

在直播过程中，消费者不仅可以实时观看主播的推荐和讲解，还能通过评论、弹幕等方式与主播和其他消费者互动，分享自己的观点和体验。其中，消费者上传的视频和图片评论尤为重要，它们生动形象地展示了消费者对产品的真实使用感受，为其他潜在消费者提供了宝贵的参考。

对于社交电商平台和品牌商而言，消费者的视频与图片评论蕴藏着巨大的价值。

第一，这些视觉化的评论能够极大地提升商品展示页面的丰富度和说服力。当消费者在浏览商品详情时，看到其他消费者上传的实拍图片和使用视频，能够更直观地了解产品的外观、尺寸、材质等特点，从而降低购买决策的不确定性。与品牌商提供的官方图文相比，消费者生成的视觉内容往往更加真实可信，更容易引发其他消费者的共鸣和信任。

第二，消费者的视频与图片评论为品牌商优化产品和服务提供了重要依据。通过仔细分析这些视觉评论，品牌商能够及时发现产品存在的问题，如外观瑕疵、使用不便、质量缺陷等，并据此进行改进和升级。消费者的创意使用方法和场景拓展，也能为品牌商提供新的灵感和思路，助力产品创新和营销推广。消费者的视频与图片评论是一座"金矿"，其中蕴含的市场洞察信息和消费者偏好，是品牌商进行精准决策和创新突破的关键。

第三，消费者的视频与图片评论能激发消费者的参与热情和创造力，促进社交电商生态的繁荣发展。当消费者看到其他消费者上传的精彩视频和图片时，往往会受到鼓舞和启发，萌生分享自己体验的念头。主播和品牌商可以通过举办有奖征集、创意挑战等活动，进一步激励消费者上传优质的视觉内容。随着越来越多的消费者加入内容生产的行列，社交电商平台上将涌现出海量的消费者视频和图片评论，形成良性循环。这些视频和图片既能促进消费者之间的互动交流，又能活跃社交电商的氛围。

四、品牌故事的设计与传播

（一）品牌核心价值的塑造

在社交电商直播这一新兴营销模式下，品牌如何准确定位自身核心价值，并通过直播形式进行有效传达，已经成为影响营销成效的关键因素。深入探讨品牌核心价值在社交电商直播中的塑造与传播，有助于品牌的长远发展和直播营销的优化。

品牌核心价值的确立需要立足品牌定位，深入洞察消费者的需求。一个成功的品牌必须具有鲜明的个性和独特的价值主张，并能够与目标消费群体产生强烈共鸣。在社交电商直播的语境下，品牌更应该聚焦核心受众，深入了解其生活方式、价值观念、审美偏好等，在此基础上提炼出符合品牌调性、满足消费者期待的核心价值。例如，某个专注于健康养生的食品品牌，其核心价值可以定位为"自然、营养、平衡"，传达出品牌对健康生活的追求和倡导。这一价值主张不仅符合当下消费者对健康饮食的诉求，还与品牌的产品特性和发展理念高度契合。

品牌核心价值的塑造需要贯穿于直播的各个环节。在直播前期准备阶段，应该围绕品牌核心价值来设计直播主题、选择合适的直播场景和产品组合，力求在视觉和内容上营造统一、醒目的品牌形象。在直播过程中，主播作为品牌的代言人，更要充分诠释品牌价值。主播的言行举止、讲解风格乃至穿着打扮，都应该与品牌调性保持一致，为消费者呈现出鲜活立体的品牌个性。例如，健康食品品牌在直播中可以强调产品的天然成分、营养价值，主播也可以分享自己的健康生活方式和心得，传递"健康就是美"的理念，从而突出品牌价值。

品牌核心价值的传播需要借助多种直播互动形式。社交电商直播最大的优势在于实时互动，主播可以通过与消费者的直接对话，即时回应消费者的疑问和反馈，拉近与消费者的心理距离。主播还可以设计有奖问答、抽奖、限时秒杀等互动环节，引导消费者更深入地了解品牌，继而认同品牌价值。例如，在直播中穿插健康小知识问答，奖励积极参与的消费者，此举既可以强化品牌的专业形象，也能提升消费者的参与积极性和忠诚度。主播还应善于利用直播平台的社交属性，鼓励消费者在直播间内外进行分享和讨论，扩大品牌价值的传播范围和影响力。

品牌核心价值需要体现在售后服务和长期经营中。品牌塑造需要在直播前后持续用心经营。尤其在直播热度退去后，品牌商更要通过优质的产品和服务，兑现在直播中对消费者的承诺，用实际行动诠释品牌价值。只有在日常经营中始终恪守品牌主张，以消费者需求为中心，不断优化产品、完善服务，才能真正赢得消费者的信任和支持，实现品牌价值的延续和升华。

（二）品牌故事情节设计

品牌故事的精心设计和巧妙传播，能够为品牌注入灵魂，赋予其独特的个性和魅力。引人入胜的品牌故事不仅能够吸引消费者的注意力，还能引发其情感共鸣，建立起与品牌的深层次连接。在社交电商直播这一新兴营销场景中，品牌故事的作用更加凸显。相比于传统的硬广告，生动鲜活的品牌故事更容易打动人心，激发消费者的购买欲望。

1. 明确品牌的核心价值

品牌价值是品牌的灵魂所在，是品牌区别于竞争对手的独特优势。品牌故事必须紧紧围绕这一核心价值展开，通过鲜明的主题、生动的情节，将品牌价值呈现在消费者面前。品牌故事与品牌价值的高度契合，能够强化消费者对品牌的认知和记忆。

2. 情节设计要引人入胜、富有张力

品牌故事既可以讲述品牌的历史渊源、创始人的创业历程，也可以描绘普通消费者与品牌相遇的动人瞬间。无论是什么样的故事类型，都要有吸引人的情节设置，激发消费者的好奇心。故事情节要与品牌调性相吻合，与目标消费者的心理特征相契合。例如，快时尚品牌可以讲述年轻人追逐梦想、彰显个性的故事，而奢侈品牌更适合优雅、梦幻的故事基调。

3. 与时俱进，不断创新

在瞬息万变的市场环境中，消费者的需求和偏好也在不断变化。品牌故事必须紧跟时代脉搏，融入新的元素和创意，方能保持长久的生命力。例如，近年来，许多品牌将公益、环保等社会议题融入品牌故事之中，展现出品牌商的社会责任感和价值追求，赢得了消费者的认同和好感。品牌商还可以借助热点事件、节日活动等，设计契合时宜的故事内容，提升传播的效果。

（三）品牌故事的多渠道传播策略

1. 系统规划多渠道传播矩阵

品牌商需要根据目标消费者的媒介使用习惯，选择合适的传播渠道组合。不同渠道的特点各异，需要因地制宜地设计传播内容和形式。例如，短视频平台适合生动、有趣的品牌小故事，社交媒体适合与粉丝互动交流，官方网站适合系统、全面地展示品牌历史和文化。只有将不同传播渠道统筹规划，让它们各司其职，才能实现传播效果的最大化。

2. 创意内容制作

品牌商需要根据不同渠道的特点定制品牌故事的内容，以贴合目标消费者

的阅读习惯和审美偏好。在内容创意上，可以围绕品牌历史、产品特色、品牌理念等元素展开，讲述动人的品牌成长故事、产品背后的匠心故事、品牌与社会的关系故事等。在表现形式上，可以运用视频、图片等多媒体手段，提升内容的吸引力和感染力。品牌商还要注重内容的连贯性和一致性，确保通过不同渠道传递的品牌形象保持高度统一。

3. 消费者自传播

品牌商要重视消费者的自传播。通过社交电商直播、社交媒体互动等方式鼓励消费者参与品牌故事的传播，分享他们与品牌的美好故事。真实的消费者口碑往往更能引发共鸣，带来裂变式的传播效应。

第二节　互动营销策略

一、直播间互动工具的应用

（一）点赞与打赏

在社交电商直播中，点赞与打赏是消费者参与互动、表达认可的重要方式。当主播的表现获得消费者的认可和喜爱时，消费者往往会通过点亮爱心、送出礼物等形式表达自己的支持和鼓励。这种实时、直观的互动反馈，不仅能够激励主播持续输出优质内容，还能增强消费者的参与感和归属感，促进主播与消费者之间情感连接的建立。

从心理学的角度来看，点赞与打赏行为背后折射出人们渴望被认可、被接纳的内在需求。当消费者的点赞、打赏行为得到主播的肯定性回应（如主播点名感谢、鞠躬致意等）时，消费者会感受到自己对主播的重要性，获得一种被尊重、被重视的感觉。这种积极的情绪体验，能够促使消费者持续关注主播、参与互动，形成良性循环。

点赞与打赏是消费者对主播付出的一种实质性回报。在社交电商直播的商业模式中，打赏通常与主播的收入直接挂钩。消费者的每一次打赏，都是对主播劳动价值的认可，是一种货币化的支持方式。主播获得了经济回报，就更有动力去深耕内容，为消费者带来更多价值，实现双方的共赢。

点赞与打赏数据的累积是衡量主播人气和影响力的重要指标。点赞数、打赏金额的多寡，直观反映了主播与消费者互动的活跃度和消费者的黏性。数据的积累和展示既能够吸引更多消费者的关注，又体现了主播的自我价值。数据能够激发主播的荣誉感和成就感，成为其不断提升自我、优化直播内容的动力源泉。

需要注意的是，点赞与打赏也可能带来一些负面影响，如片面追求数据而忽视内容质量、过度依赖数据造成主播心理压力等。对此，主播需要保持理性和定力，既重视点赞、打赏的激励作用，又不能完全依赖数据，应始终坚持内容为王，以优质的直播体验作为立身之本。

此外，平台应建立合理的激励机制，引导主播形成健康的数据观，避免恶性竞争。平台可以探索更多样化的变现方式，减少主播对打赏收入的依赖，同时加强对内容质量的考核，平衡数据指标与内容价值的关系。只有在良性的生态环境中，主播才能专注创作、用心直播，消费者才能打赏得舒心。

（二）投票与问答

在社交电商直播中，通过设置与直播内容相关的投票主题，主播可以了解消费者的偏好和需求，进而调整直播节奏和内容，提供更加精准、个性化的服务。有趣、新颖的投票话题还能激发消费者的好奇心和参与热情，营造轻松、愉悦的直播氛围。

问答环节为消费者提供了直接向主播提问、表达看法的机会。消费者可以就自己关心的问题向主播求助，获得专业、权威的解答。这种一对一的交流方式能够拉近主播与消费者之间的距离，增强彼此的信任感和黏性。对于主播而言，问答不仅是了解消费者需求、改进直播内容的重要渠道，而且是展示专业知识、树立个人品牌的绝佳平台。

为了充分发挥投票和问答的互动效果，主播需要精心设计问题，提高问题的针对性和吸引力。投票和问答的内容应紧扣直播主题，与消费者的兴趣点和痛点相契合。问题的设置应具有一定的挑战性和新颖性，激发消费者的思考欲和表达欲。主播应该鼓励消费者积极参与，对于有价值的回答给予肯定和奖励，营造良性互动的直播氛围。

在设计投票和问答环节时，主播应该注重对时机和频率的把控。过于频繁或持续时间过长的互动环节，可能会打断直播的节奏，影响直播内容的完整性和连贯性。因此，主播需要根据直播内容和消费者反应，合理安排投票和问答的时间和次数，既要让消费者有充分互动的机会，也要确保直播的流畅和高质量。

通过统计投票结果和问答内容，主播可以洞察消费者群体的特征和需求变化，优化直播内容和营销策略。例如，对于消费者普遍关注的问题，主播可以在后续直播中进行重点解释和示范；对于投票结果反映出的消费者偏好，主播可以在直播中适当增加相关内容的比例，提升消费者的满意度和忠诚度。

二、主播与观众的实时互动技巧

（一）语言互动技巧

主播应当掌握和运用多种语言互动策略，以吸引观众、激发观众共鸣、与观众建立信任，最终实现引流和成交的目标。

1. 主播要善于提问

巧妙设计的问题能够有效引导观众思考，激发其参与热情。例如，主播可以围绕直播产品的特色、使用体验等方面提问，邀请观众分享见解和经验。这不仅能活跃直播氛围，还能帮助主播更好地了解消费者需求，为后续互动提供话题支撑。在提问时，主播应注意相关问题的针对性和开放性，避免过于宽泛或封闭式地设问。

2. 主播要学会聆听

在与观众互动时，主播不能一味地灌输，而应当给予观众充分表达的机会。通过认真聆听观众的分享和反馈，主播能够及时调整互动策略，使之更贴近观众需求。聆听是建立信任的基础。当观众感受到被重视和理解时，他们更愿意与主播建立情感连接，形成良性互动。

3. 主播要善于总结复述

在直播过程中，观众的留言和评论往往快速滚动，容易被淹没。主播应当及时捕捉有价值的观点，并适时总结复述，使之得到凸显和延伸。这样能够强化重点信息，帮助观众快速掌握要点，还能够增强其互动体验感与参与感。在复述时，主播可以添加自己的见解和评论，与观众形成有效互动。

4. 主播要有幽默风趣的语言表达

巧妙的笑话、有趣的语言不仅能活跃直播气氛，还能拉近主播与观众之间的距离，增加观众对主播的好感度。同时，主播在使用幽默语言时也要把握分寸，避免冒犯他人或过度娱乐化，以免影响直播的专业性和内容质量。

5. 主播要注重个性化互动

每名观众都是独特的个体，有着不同的背景、爱好与诉求。主播应当善于捕捉这些差异，有针对性地开展互动。对于忠实粉丝，主播可以善解人意，以专属互动提高消费者黏性；对于新观众，主播则要以热情、耐心的态度引导其互动，帮助他们快速融入直播氛围。个性化互动能够提升观众的参与感和认同感，激发他们更大的消费热情。

(二) 非语言互动技巧

与语言互动相比，非语言互动更加直观、生动，能够迅速吸引观众的注意力，激发其参与热情。在直播间中，主播可以通过丰富的肢体语言和表情，传递情感，营造氛围，拉近与观众的距离。例如，主播可以适时地点头微笑，表达友好亲和；又如，主播可以做出夸张的表情或肢体动作，营造欢乐有趣的气氛。这些非语言符号能够有效地吸引观众的目光，提升直播的娱乐性和吸引力。

恰当地运用非语言互动技巧能够增强信息传递的有效性。在介绍商品特点时，主播往往需要通过实物展示、使用演示等方式，帮助观众直观地了解商品的外观、功能和使用方法。这些非语言互动行为不仅能够弥补语言描述的不足，还能提升信息的可理解性和可信度，更利于观众接受。例如，在展示一款护肤品时，主播可以现场使用该产品，通过特写镜头展示肌肤的变化，让观众真切地感受到产品的功效。又如，在推荐一款家用电器时，主播可以现场演示其操作流程和使用效果，帮助观众直观地评估产品的实用性和便捷性。这些生动形象的非语言互动，能够有效支撑语言表达，提升信息传播的效果。

在运用非语言互动时，主播也需要把握分寸，避免过度或不当的肢体语言，给观众留下不专业、不得体的印象。非语言互动的目的是服务于直播内容本身，为语言表达提供有益的补充和强化，因此主播应当根据直播主题、产品特点和观众反应，灵活调整自己的非语言互动策略，做到适度、得体、有针对性。例如，在推荐一款大型家电时，主播可以通过肢体语言强调其外观设计的特点，但不宜做出过于夸张的动作；再如，在回应观众提问时，主播要用适当的表情传递友好、诚恳的态度，但要避免过度的亲昵或疏离。

灵活运用非语言符号表达情感、传递信息，需要主播具备扎实的表达功底和敏锐的洞察力。非语言互动对仪态仪表也提出了更高要求，主播需要在妆容、服饰等方面精心设计，以良好的形象示人。

（三）互动频率控制

在直播过程中，主播需要根据观众的参与度和反馈情况，灵活调整互动的频率和节奏，以维持直播间的热度和吸引力。

过高或过低的互动频率都可能对直播效果产生负面影响。如果互动频率过高，主播可能难以专注于分享产品信息和讲解产品卖点，影响直播的流畅性和专业性。过于频繁的互动也容易使观众感到疲劳和厌烦，降低其参与热情。相反，如果互动频率过低，直播间气氛可能变得冷清和沉闷，观众难以感受到主播的热情和亲和力，进而影响其购买意愿。

因此，主播需要根据直播内容和观众特点，合理控制互动频率。一般来说，在直播开始阶段，主播可以通过频繁互动快速吸引观众的注意力，营造活跃氛围。在正式介绍商品时，主播应适当减少与观众的互动，将重点放在对产品特点和优势的讲解上，以提高信息传递的效率和专业度。在观众提出问题或表达购买意向时，主播则需要及时给予回应和互动，解答疑问，增强观众的信任感。

主播应根据商品特性和受众群体，采取差异化的互动策略。例如，在销售复杂的电子产品时，主播可以适当降低互动频率，以便有足够的时间深入讲解产品功能和使用方法。在推广时尚服饰时，主播则可以通过频繁互动，邀请观众点评搭配、分享穿搭心得，以增强其互动体验和参与感。

三、互动活动的设计与实施

（一）互动活动类型选择

在社交电商直播中，主播要合理选择互动活动类型。不同的活动形式能够满足观众多样化的需求，激发观众的参与热情，提升直播间的人气和转化率。

主播可以根据直播内容特点，组织与商品或主题相关的有奖问答、知识竞赛等趣味性活动。例如，在美妆直播中，主播可以设置与护肤、彩妆相关的问题，鼓励观众踊跃回答，给出正确答案的观众可以获得相应奖品。这类活动不仅能加深观众对商品的了解，还能提高直播间的互动频次，增强观众的黏性。

主播可以利用限时抢购、秒杀等促销活动，刺激观众的购买欲望。在活动开始前，主播需要提前预热，通过海报、短视频等形式吸引消费者关注。活动正式开始后，主播要实时监控商品销量，灵活调整营销策略，必要时可与品牌商协商调整价格或提供赠品。

主播可以策划粉丝福利活动，回馈忠实消费者。例如，主播可以在直播间派发无门槛优惠券，针对不同层级的粉丝设置相应的专属折扣。对于高频互动、高额消费的消费者，主播还可以赠送限量礼品或提供售后特权。这类活动通常能够提高消费者的忠诚度和复购率。

主播可以邀请观众参与产品试用、体验分享等活动。通过抽奖或优先购买名额的方式，主播可以抽取部分幸运消费者，邀请他们率先体验新品，并在直播间分享真实的使用感受。这类活动能够增加产品的曝光度，利用口碑效应带动销量。消费者生成的内容也能为直播间引流，吸引更多潜在的消费者。

在设计互动活动时，主播要充分考虑消费者的需求和意愿。活动规则要简单明了，奖品设置要吸引人且切合目标受众的偏好。活动的频率和持续时间也要适度，避免活动过于频繁而导致消费者审美疲劳。同时，主播要注重活动的公平公正，确保每名消费者都有平等的机会参与和获奖。

（二）互动流程设计

1. 围绕直播主题展开

主题决定了直播的内容、形式和风格。一个吸引人的主题能够迅速吸引观众的注意力，引发其兴趣和共鸣。例如，在节日档期，主播可以设计与节日氛围相呼应的主题活动，如"情人节甜蜜放送""春节好运大派送"等，借助节日的人文内涵和情感因素，拉近与观众的距离，营造欢乐的直播氛围。在这一过程中，直播主题应契合商品的特性和卖点，突出其优势和价值，引导观众产生购买需求。

2. 把握节奏和时间分配

直播节奏的快慢直接影响着观众的体验和互动热情。节奏过慢容易使观众感到乏味和疲惫，节奏过快又可能让观众难以跟上思路，错过关键信息。因此，主播需要根据商品特点、受众心理和互动目的，合理控制直播节奏，既要保持适度的紧张感和新鲜感，又要给观众留出思考和反应的空间。主播要科学分配各个环节的时长，确保重点内容有充足的时间展现，次要内容要适度压缩，避免直播冗长拖沓或过于仓促。

3. 增加互动的频率和形式

互动是直播的灵魂，它能够有效活跃气氛，提升观众在直播间的参与度和转化率。主播可以根据商品特点和受众喜好，设计多样化的互动形式，如发起有奖问答、现场抽奖、优惠券领取、限时秒杀等，充分调动观众的参与积极性。主播可以鼓励观众在评论区留言互动，及时给予他们回应和奖励，增强观众的存在感和参与感。互动环节要与销售目的紧密结合，引导观众关注商品卖点，激发其购买欲望，避免互动流于形式或脱离主题。

4. 注重细节和体验

细节决定成败，体验影响口碑。主播要在流程设计中充分考虑观众的感受和需求，提供贴心、周到的服务。例如，可以在直播开始前做好预热，提前发布活动预告，引发观众期待；在直播过程中，及时解答观众的疑问，提供商品的详细信息和购买指导；在直播结束后，及时安排商品发货，妥善处理售后问题，给观众留下专业、负责的印象。这些细节虽然看似微不足道，却能够深刻影响观众的购买体验和购买决策。

（三）互动执行要点

主播需要在互动前做好充分准备，明确活动目标，制定详细的执行方案。在活动设计阶段，主播应根据直播间的特点和观众属性，选择恰当的活动类型，如优惠促销、限时秒杀、新品首发等。主播要合理安排活动时间，避开观众参与度低的时段，争取在黄金时间吸引更多观众参与。

主播要全身心投入，以饱满的热情和专业的态度带动观众情绪。在介绍互动规则时，主播应使用通俗易懂的语言，避免使用过于专业的术语，确保观众能够准确理解活动内容。主播还要适时与观众互动，回应他们的提问和反馈，营造轻松愉悦的氛围。在处理观众的订单和咨询时，主播要做到快速、准确、耐心，为观众提供优质的服务体验。

主播要灵活运用各种互动工具，如弹幕、问答、投票等，增强观众的参与感和体验感。例如，主播可以在活动过程中发起有奖问答，鼓励观众踊跃回答，并给予回答出正确答案的观众奖励；主播可以通过投票的方式，邀请观众参与新品选择或优惠力度的决策，提高他们的参与热情。通过多样化的互动方式，主播能够有效激发观众的购买欲望，促进订单转化。

第三节 社群营销策略

一、社群建立与管理

（一）社群目标设定

清晰、明确、可衡量的社群目标能够为社群的建设和运营提供方向和动力，确保社群活动始终围绕核心目标展开。在社交电商直播的语境下，社群目标的设定需要综合考虑品牌定位、受众特征、市场环境等因素，在提升销售转化、增强品牌认知、培育忠实消费者等维度进行权衡和取舍。

从销售转化的角度来看，社群目标可以设定为提升直播间的观看人数、互动频次、下单率等关键指标。通过开展有吸引力的直播内容，鼓励社群成员积极参与讨论和互动，营造良好的直播氛围，有效提高销售转化率。社群目标还应关注销售额、客单价、复购率等销售质量指标，以确保社群运营能够为品牌带来真正的商业价值。

从品牌认知的角度来看，社群目标可以设定为提升品牌在目标受众群体中的知名度、美誉度和忠诚度。通过社群平台持续传播品牌价值主张，分享品牌故事和文化，展示产品卖点和优势，加深消费者对品牌的了解和信任。同时，鼓励社群成员分享使用心得和进行口碑评价，引导正面讨论，塑造良好的品牌形象，提升品牌的知名度和美誉度。

从消费者培育的角度来看，社群目标可以设定为提高社群成员的活跃度、黏性和忠诚度。通过开展丰富多彩的社群活动，满足消费者多元化的需求，增强与消费者的情感连接，能够吸引更多消费者加入社群，提高社群成员的参与热情。同时，识别社群中的核心消费者和意见领袖，赋予其更多权益和话语权，发挥其示范作用和影响力，带动更广范围的消费者参与，培育忠实的品牌拥趸。

社群目标的设定是一个动态优化的过程。在社群运营过程中，要持续监测目标完成情况，深入洞察消费者的行为特征，及时调整优化社群目标和运营策略。紧跟消费者的需求和市场趋势，不断迭代升级社群目标，能够保持社群生命力，实现社群价值的最大化。

社群目标的设定还需要与品牌的整体营销战略相协调。社群营销作为品牌整合营销体系的重要组成部分，其目标设定应服务于品牌的长远发展愿景。通过社群目标与品牌战略的有机融合，社群营销能够真正成为品牌增长的助推器，为品牌长期、健康、可持续地发展提供源源不断的动能。

（二）社群规则制定

社群规则为社群成员的行为提供了基本准则和约束机制。社群运营者需要高度重视规则制定，充分考虑社群定位、成员特点等因素，制定出切实可行、易于遵循的行为规范。

首先，制定社群规则要求运营者明确社群的定位和发展目标。不同类型、不同阶段的社群，其管理重点和规则设置也应有所侧重。例如，一个以学术交流为主的社群，其规则可能更加强调成员发言的专业性和严谨性；一个以娱乐休闲为主的社群，其规则可能更加强调成员互动的趣味性和轻松性。深入分析社群自身特点，能够制定出契合实际需求的规则体系。

其次，社群规则的制定要求运营者充分尊重成员的主体地位。一个富有活力的社群，离不开每一名成员的积极参与和贡献。因此，在制定规则时，运营者要多倾听成员的意见和建议，鼓励他们参与讨论和决策，通过民主协商的方式达成共识。只有让成员认同并接受规则，他们才会自觉遵守，形成良性的社群秩序。社群规则也要留有一定的弹性空间，既要约束不当行为，也要给予成员一定的自由度，激发他们的主动性和创造力。

再次，社群规则的表述要清晰、简明，避免模糊、复杂的条文设置。晦涩难懂的规则不仅难以操作，还容易引起成员的反感及抵触情绪。浅显易懂、通俗直白的表述更容易被成员接受和遵循。规则表述要层次分明、重点突出，将成员最为关切的权利义务、奖惩措施等内容置于显要位置，便于成员快速了解和把握。必要时，还可以辅以案例解读、常见问题解答等形式，帮助成员准确理解规则内涵。

最后，社群规则应与时俱进，根据社群的发展变化而动态调整。一成不变的规则既难以适应社群成长的新需求，也容易导致管理方式的僵化和滞后。因此，运营者需要定期评估规则的实施效果，及时发现并修正其中的不足之处。运营者可以通过问卷调查、访谈等方式广泛征求成员意见，根据反馈对规则进行必要的修订和完善。让规则始终与社群发展保持同步，使其能够更好地发挥引领和规范作用。

（三）社群成员招募

社群成员的质量直接决定了社群互动的活跃度、内容的丰富性及社群文化的形成。因此，在社交电商直播的营销策略中，社群运营者应当将社群成员招募放在重要位置，并采取有针对性的方法和策略。

首先，应明确社群定位和目标受众。社交电商直播的社群通常围绕特定的产品、品牌或主播建立，因此社群定位相对明确。运营者需要深入分析目标受众的特点，包括年龄、性别、职业、兴趣爱好、消费习惯等，以便有的放矢地开展招募工作。只有吸引到与社群定位相契合的成员，才能保证社群运营的有效性和持续性。

其次，应借助多渠道、多形式进行社群成员招募。社交媒体平台是社群成员招募的主要阵地。运营者可以在直播平台、短视频平台、社交媒体等渠道发布社群招募信息，通过有吸引力的文案、图片或视频等形式，向潜在的目标成员传递社群价值和参与动机。利用社群成员的社交网络进行裂变传播也是一种有效方式，通过激励机制鼓励现有成员向好友、同事等推荐社群，可以实现成员的自发性扩张。

再次，应为新成员提供优质的加入体验和互动服务。很多消费者对于加入一个新社群可能存在顾虑和不确定性，这就需要运营者营造友好、开放、有归属感的社群氛围。例如，可以对新加入的成员及时表示欢迎，主动引导其参与互动，并为其提供必要的帮助和支持。通过优质的社群服务，能够提升新成员的满意度和黏性，促使其成为社群的活跃分子和忠实消费者。

最后，应注重长效机制的建立。单纯依靠短期的营销活动来获取成员，容易导致社群成员的高流失率。运营者需要通过持续性的内容输出、互动活动、激励措施等，维系和强化成员与社群的联系。消费者只有在社群中不断获得价值，才会形成长期的参与动力和忠诚度。因此，在招募社群成员的同时，要重视成员留存和活跃度的提升。

二、社群成员的激励机制

（一）积分奖励

设置科学合理的积分规则，将消费者在社群中的各种行为量化为相应的积分，再根据积分多寡给予不同级别的奖励，能够充分调动消费者的主动性和创造性，培养其对品牌的忠诚度。

1. 积分获取渠道要多元化

首先，可以将转发、分享、邀请好友等高价值行为纳入积分奖励范畴。这样不仅能够满足不同消费者的参与偏好，还能促进社群的裂变式传播。其次，积分等级设置要合理。可以根据积分区间设置青铜、白银、黄金、铂金等不同等级，并在积分略有重叠的基础上拉开等级差距。等级越高，享受的权益就越多，如提供优先客服、生日礼包、线下活动名额等。最后，积分等级的设置要有含金量，但不宜过于苛刻，以免打击消费者的参与热情。

2. 积分使用场景要丰富

单纯的积分累积容易让消费者失去兴趣，因此要为积分赋予使用价值。例如，消费者可以使用积分在商城中兑换优惠券、实物奖品，参与幸运抽奖；高积分消费者可以享受定制化服务，如一对一直播问诊、新品试用等。消费者切实感受到积分的使用价值，进而能够稳固其对品牌和产品的信任。此外，要把控好积分的使用门槛，门槛太低，积分有贬值风险；门槛太高，又容易降低消费者的参与热情。

3. 积分奖励制度的设计要符合法律法规

一方面，社群运营者要严格遵守相关规定，杜绝虚假宣传、误导消费者等不正当竞争行为；另一方面，社群运营者要高度重视个人信息保护，完善隐私政策，加强数据安全管理，切实保障消费者权益。只有在合法合规的前提下，积分奖励制度才能真正促进社群的繁荣发展。

4. 科学的数据分析和动态优化

通过对消费者积分行为数据的采集和挖掘，可以洞察不同消费者群体的喜好特征，并据此调整相应的积分规则。例如，对于偏爱分享传播的消费者，可以提高社交行为的积分权重；对于偏好实物奖励的消费者，可以丰富商城兑换品类。这种基于数据反馈的迭代优化，能够不断提升积分奖励制度的精准度和转化率。

（二）优惠券发放

通过发放优惠券，品牌商可以刺激消费者的购买欲望，提升产品销量，增强品牌影响力。优惠券的使用也能够增强社群成员的黏性，促进他们与品牌之间的情感连接。

在实践中，品牌商需要精心设计优惠券的发放策略，以达到最佳的营销效果。首先，优惠券的面值和使用条件应该根据产品定位和目标受众而定。对于高端产品，可以发放较高面值的优惠券，以体现品牌的尊贵感；对于大众产品，可以发放数量更多、面值较低的优惠券，以吸引更广泛的消费者。其次，优惠券的发放时间和频率需要精心把控。在节假日、周年庆等特殊时点发放优惠券，能够营造热闹的氛围，提升社群的活跃度。然而过于频繁的发放，可能导致优惠券贬值，削弱其吸引力。最后，品牌商可以通过个性化和游戏化的方式，增强优惠券的互动性和趣味性。针对不同的社群成员发放不同类型的优惠券，如新客专享券、老客感恩券等，能够提升消费者的归属感和忠诚度。将优惠券的发放与社群活动相结合，如完成任务领取优惠券、参与抽奖获得优惠券等，都能够调动社群成员的参与热情，增强社群的凝聚力。

优惠券的发放虽然能够刺激短期销量，但并不能完全替代高质量的产品和服务。品牌商应该将优惠券作为一种辅助性的营销手段，与产品创新、品牌建设等长期策略相结合。优惠券的使用数据是了解社群成员需求、优化营销决策的重要依据。品牌商应该建立完善的数据追踪和分析机制，及时调整优惠券策略，以适应市场变化。

（三）专属活动邀请

专属活动的邀请能够增强社群成员的参与感和归属感，提升品牌忠诚度。通过精心设计的专属活动，品牌商可以为社群成员提供独特的体验和相关的价值，满足其个性化需求，从而建立起更加紧密的情感连接。

在设计专属活动时，品牌商需要充分考虑社群成员的需求和期望。一方面，活动内容要与社群的主题和价值观相契合，体现品牌商对社群文化的深刻理解和尊重；另一方面，活动形式要新颖有趣，能够吸引社群成员的积极参与和互动。品牌商还要注重活动的执行质量，提供优质的服务和体验，以建立良好的口碑。

专属活动不仅能够提升社群成员的参与度和黏性，还能够给品牌商带来多方面的价值。首先，通过专属活动，品牌商可以深入了解社群成员的需求和反馈，获得宝贵的市场洞察和产品改进建议；其次，专属活动过程中产生的消费者生成内容，如照片、视频、评论等，都是品牌商可以进行二次传播和营销的优质素材；最后，专属活动能够吸引更多潜在消费者的关注和加入，进一步扩大社群规模和影响力。

三、社群内容的策划与发布

（一）内容主题选择

为了吸引社群成员持续关注，内容主题应该贴近社群成员的兴趣爱好和需求，同时兼顾品牌形象和营销目标。在选择内容主题时，可以从以下方面着手。

1. 社群成员的特征和属性

对于追求时尚生活方式的年轻女性社群，可以选择美妆、服饰搭配、健康饮食等主题；对于关注个人职业发展的职场人士社群，可以选择职场技能提升、行业动态分析、个人品牌塑造等主题。精准把握目标受众的需求，能够产出吸引他们持续关注的内容。

2. 品牌的核心理念和价值主张

品牌理念是内容创作的指南针，它为内容主题的选择提供了方向和边界。例如，一个倡导环保、可持续发展理念的品牌，可以围绕绿色生活方式、环保科技创新、生态保护等主题展开内容策划。品牌价值与内容主题的高度融合，不仅能增强品牌认同感，而且能实现软性营销的目的。

3. 行业热点和社会话题

在瞬息万变的互联网时代，及时把握热点话题，引发社群讨论，能够有效提升内容的传播力和影响力。例如，在电商促销节点，可以策划与优惠活动相关的内容主题；在重大社会事件发生时，可以引导社群成员参与话题讨论，表达品牌立场和态度。

4. 社群成员

社群成员是内容生产和传播的主体，他们的意见和反馈对于内容主题的选择至关重要。因此可以通过问卷调查、话题投票等形式，了解社群成员的内容偏好和期待；举办消费者生成内容活动，鼓励成员分享自己的见解和经验，丰富内容的多样性。消费者参与感的提升，不仅能够增强社群的凝聚力，还能够源源不断地为内容创作提供灵感和素材。

5. 内容主题的多元化和系列化

单一的内容主题容易让社群成员产生审美疲劳，影响社群活跃度。因此，需要在主题选择上有所创新，适当拓展内容的广度和深度。例如，在分享产品使用心得时，可以引入相关的生活方式、文化故事等内容。同时，要对内容主题进行系列化规划，形成连贯、递进的逻辑链条，以有效引导消费者持续关注和思考。

（二）内容创作流程

高质量、富有吸引力的内容不仅能够吸引更多的社群成员关注，还能引发他们的互动和讨论，增强社群成员的黏性。因此，社群运营者需要高度重视内容创作流程的优化，输出更多优质内容。

内容创作流程通常包括选题策划、资料搜集、内容撰写、审核校对等环节。

在选题策划阶段，运营者需要深入了解社群成员的需求和偏好，选择能够引起其共鸣、满足其需求的话题。这就要求运营者具备敏锐的洞察力和同理心，善于捕捉社群动向，挖掘有价值的话题。选题还要符合社群的定位和风格，与社群的整体形象相契合。

在资料搜集阶段，运营者需要广泛收集与话题相关的资料，包括行业报告、热点新闻、专家观点、消费者反馈等。在搜集资料过程中，要注重信息的权威性和可靠性，筛选出高质量的素材。此外，要善于从海量信息中提炼出有价值的观点和洞见，为内容创作提供灵感和支撑。

在内容撰写阶段，运营者要始终围绕选定的话题，结合搜集到的资料提炼出清晰的主题和观点。文章的结构要条理清晰、层次分明，确保逻辑的严密性和连贯性。语言表达要简洁明了、通俗易懂，避免晦涩难懂的专业术语。此外，还要注重文章的趣味性和吸引力，善于运用生动形象的例子、巧妙的比喻等写作技巧，增强文章的感染力。

在审核校对阶段，运营者需要检查文章是否存在错别字、语病等低级错误，以及是否存在观点偏颇、逻辑混乱等问题。通过审核校对，可以进一步提高文章的质量，以确保呈现给社群成员高水准的文章。

四、社群活动的组织与执行

（一）活动策划

社群应通过精心设计的线上线下活动，为社群成员提供独特的互动体验，增强他们对品牌的认同感和归属感。高质量的活动策划不仅能够吸引更多潜在消费者加入社群，还能激发现有成员的活跃度和参与热情。

活动策划要求运营者深入了解社群成员的特点和需求。通过分析社群数据，洞察成员的兴趣爱好、行为习惯等，运营者能够设计出切合消费者需求的活动主题和形式。例如，对于以年轻白领为主的社群，可以策划时尚、个性化的线下派对；而对于以中老年人为主的养生类社群，可以组织健康讲座、茶话会等形式的活动。

活动策划要有明确的目标导向，应紧密契合品牌调性和营销诉求。每一场社群活动的背后，都应有清晰的商业逻辑支撑。

（二）活动宣传

活动宣传应该围绕"精准、有趣、有效"的原则展开。首先，宣传内容和形式要紧扣目标受众的特点和需求。通过大数据分析，深入洞察不同群体的兴趣爱好、消费习惯等，有针对性地制定宣传方案，提高信息触达的精准度。其次，宣传要充满创意和吸引力。在视觉设计、文案策划等方面下足功夫，运用幽默风趣的语言、新颖别致的创意，激发受众的好奇心和参与欲望。最后，要综合运用各种线上线下的宣传渠道，形成立体化的传播矩阵。线上可以借助社交媒体平台、短视频、直播等当下流行的互联网工具；线下可以通过户外广告、地推活动等方式，以增强宣传的感染力和影响力。

活动宣传的策划与执行可以遵循 PDCA〔Plan（计划）、Do（执行）、Check

（检查）、Act（处理）〕循环模式。在计划阶段，要根据活动主题和目标，制订周密详尽的宣传计划，明确宣传预算、时间节点、渠道选择、人员分工等关键要素。在执行阶段，要严格按照计划推进各项宣传工作，及时跟进和调整，确保宣传活动有条不紊地开展。在检查阶段，要通过数据监测、消费者反馈等方式，评估宣传效果，发现存在的问题和不足。在处理阶段，要总结经验教训，优化完善宣传策略，为后续活动宣传提供借鉴和指导。

在社群营销策略的制定和实施过程中，必须高度重视宣传环节，投入充足的人力物力，扎实做好各项宣传工作。宣传团队要具备敏锐的市场洞察力、缜密的策划能力、高效的执行力，充分发挥专业优势，为活动的顺利开展提供有力支撑。此外，还要加强与社群运营、客户服务等部门的协同配合，形成合力，确保宣传与整体营销策略的协调一致。

（三）活动执行

社群要确保成功执行活动，就需要在前期策划的基础上，全面统筹资源配置，细化执行方案，动态监控实施过程，及时总结优化经验。

在活动执行前，要根据策划方案明确活动的目标、主题、形式、时间、地点等关键要素，并据此合理配置人力、物力、财力等资源。例如，线下活动需要考虑场地租赁、布置，线上活动需要准备直播平台、互动工具等。还要提前设计好活动流程，确定主持人、嘉宾等角色分工，以保障活动的有序进行。

在活动执行过程中，要严格按照方案组织实施，确保各环节紧密衔接、有条不紊。活动组织者应全程关注现场秩序和参与者反馈，灵活应对突发情况。例如，设备突发故障时，要及时协调技术人员排除故障，并用有趣的互动环节调动气氛。活动组织者要注重营造积极向上、温馨愉悦的活动氛围。通过设置有趣的游戏环节、准备精美的礼品奖励，调动参与者的情绪，让其沉浸在活动体验中。活动组织者要鼓励参与者分享感受、交流心得，增进对彼此的了解，强化其社群认同感。例如，可在活动尾声设置"我与××的故事"环节，邀请参与者分享与品牌、产品的难忘经历。

在活动结束后，要归纳执行过程中的得失，分析数据反馈，找出可改进的空间。要将优秀的做法及时固化为标准化流程，纳入活动策划体系。对于执行中暴露出来的问题，要开诚布公地讨论，拿出切实可行的整改措施。唯有持续不断地自我优化，才能不断提高活动执行水平。

第三章　社交电商直播对消费者的影响

第一节　社交电商直播对消费者购物决策的影响

一、社交电商直播对消费者信息获取方式的影响

（一）信息获取的便捷性

社交电商直播平台为消费者提供了前所未有的便捷信息获取渠道。与传统电商平台相比，直播平台打破了时空限制，使消费者能够随时随地了解商品信息，与主播实时互动。这种沉浸式的体验满足了消费者的即时需求。

在直播过程中，消费者可以直观地看到商品的外观、性能、使用方法等，无须费时翻阅冗长的文字介绍或静态图片。主播的现场演示和讲解能够全面展示商品的特点，可以在很大程度上消除消费者的疑虑。同时，消费者能通过评论、弹幕等方式与主播实时交流，提出自己的问题并获得及时解答。这种双向互动提高了信息获取的效率和准确性。

与实体店购物相比，直播平台节省了消费者大量的时间和精力。消费者无须特意前往商店，在家中轻点手机便可浏览海量商品，享受"云逛街"的便利。主播精心挑选的商品和真诚的推荐，为消费者提供了可靠的参考，降低了搜寻和比较信息的成本。

社交电商直播打通了消费者与品牌商、零售商的直接沟通渠道。通过观看直播，消费者能够更加深入地了解品牌理念、产品设计初衷等，增进与品牌的情感连接。品牌商也能直接倾听消费者的声音，获得宝贵的反馈意见，从而优化产品和服务。这种无中介的交流模式让信息流动更加通畅，使消费者对品牌认知更加立体。

社交电商直播的便捷性还体现在购买环节。消费者可以在观看直播的同时，随时下单购买心仪商品，免去了烦琐的搜索和比价过程。主播提供的优惠券、限时折扣等福利，也让消费者有了更多的选择空间和购买动力。"一键下单"和"一站式支付"的便利，缩短了消费者从认知到购买的决策过程。

当然，信息获取的便捷也对消费者的自控力提出了更高要求。面对铺天盖地的直播推荐和诱人福利，消费者需要保持理性和克制，避免盲从和冲动消费。消费者在享受便利的同时也应该建立明确的购物需求和预算，提高信息筛选和鉴别的能力。

（二）信息获取的多样性

社交电商直播为消费者提供了多元化的信息获取渠道，极大地丰富了他们的选择。在传统电商平台上，消费者主要通过文字描述、图片展示等方式了解商品信息。这种单一的信息呈现方式往往难以全面展现商品的特点，尤其是对于一些体验属性较强的商品，消费者无法通过静态的文字和图片真正感受到其材质、使用效果等。社交电商直播打破了这一局限，为消费者提供了更加立体、生动的信息获取体验。

在直播间里，消费者可以通过主播的讲解和演示，直观地了解商品的外观、功能、使用方法等，仿佛置身于线下店铺，亲身体验商品的魅力。主播通过专业的讲解和精心的展示，把商品的特色呈现在消费者面前，帮助他们快速了解商品的优势和适用场景。同时，许多直播间还设置了互动环节，消费者可以实时提出问题，主播则可以有针对性地进行解答，尽可能消除消费者的疑虑，为消费者提供个性化的购买建议。这种沟通互动模式拉近了消费者与商品之间的距离，让他们能够更全面、更深入地认识商品，做出理性的购买决策。

社交电商直播打破了时间和空间的限制，为消费者获取信息提供了更大的空间。在传统电商平台上，消费者往往需要花费大量时间浏览商品页面，搜索感兴趣的商品，比较不同商品的优劣。在直播场景下，消费者可以随时随地观看感兴趣的直播，无须受时间和地点的约束。许多直播平台还提供回放功能，消费者可以根据自己的时间安排，灵活地观看错过的直播内容。这种便捷、高效的信息获取方式，为消费者节省了大量的时间和精力，提升了他们的购物体验。

社交电商直播为消费者提供了更加丰富、多元的信息内容。在直播间里，消费者不仅可以了解商品本身的信息，还可以接触到与商品相关的各种话题和知识。例如，在美妆直播间里，消费者不仅可以了解到最新的美妆产品和使用技巧，还可以学习到美妆搭配、护肤保养等方面的知识。在数码直播间里，消费者不仅可以了解到最新的数码产品和功能介绍，还能够学习到数码产品的选购技巧、使用心得等。这些多元化的信息内容，不仅满足了消费者的购物需求，还丰富了他们的知识体系，进而提升了他们的生活品质。

社交电商直播为消费者提供了更加丰富、多元、立体的信息获取渠道，极大地拓宽了他们的视野和选择空间。通过直播这一新兴的信息传播方式，消费者能够更加全面、深入地了解商品，做出更加理性、自主的购买决策。同时，直播场景下的互动交流和知识分享，也给消费者带来了更多的精神愉悦和自我提升体验。可以预见，随着社交电商直播的不断发展、成熟，它必将给消费者的信息获取带来更多的便利和惊喜，成为电商领域不可或缺的部分。

（三）信息获取的实时性

与传统电商模式相比，直播为消费者提供了更加直观、互动性强的信息获取渠道。在直播过程中，主播可以实时展示商品的特点、功能和使用方法；消费者也能够通过评论等方式与主播实时互动，提出自己的疑问和需求。这种即时的信息交流不仅提高了信息传递的效率，还增强了消费者的参与感和信任度。

相较于图文、短视频等形式，直播的实时性更有助于消费者全面、深入地了解商品。在直播间里，消费者可以看到商品的不同角度、不同场景下的呈现效果，甚至能请主播进行现场试用或演示。这种多维度、立体化的信息展示，降低了消费者的信息不对称性，让其更加直观、透明地了解商品。与此同时，主播也能根据消费者的实时反馈，对商品信息进行补充和优化，使其更贴合消费者的需求。

此外，社交电商直播的实时性还体现在营销活动的开展上。相比传统的促销方式，直播能够以更灵活、快速的方式响应市场变化和消费者需求。品牌商可以利用直播平台发布限时抢购、秒杀等营销活动，并通过主播的现场讲解和互动，迅速吸引消费者的注意力。这种实时性不仅增强了营销活动的针对性和有效性，还给消费者带来了更多的优惠机会和购物乐趣。

为了保证直播期间信息的准确性和完整性，品牌商需要对主播进行专业的培训和指导，确保其充分了解和把控商品。同时，主播也要具备较强的临场反应和沟通能力，能够灵活应对消费者的提问和反馈，保持直播过程的流畅和互动性。只有不断优化内容质量和互动体验，才能真正发挥直播实时性的优势，给消费者带来更优质的信息获取体验。

二、社交电商直播对消费者品牌认知的影响

(一) 提升品牌曝光度

通过直播，品牌商能够更直接、更生动地向消费者展示产品，传递品牌理念和价值主张。相比传统的广告形式，直播营销具有互动性强、信息量大、感染力强等优势，能够在短时间内吸引大量消费者的关注，迅速提升品牌知名度和美誉度。

在直播过程中，主播通过生动的讲解和演示，能够全方位、多角度地展示产品的特点和优势。消费者可以通过弹幕等方式与主播实时互动，提出自己的疑问和需求，以此获得更加个性化的服务。这种沟通方式拉近了品牌商与消费者之间的距离，增进了彼此的了解和信任，有利于建立良好的品牌形象。

直播营销能够借助主播的个人影响力，实现品牌价值的高效传播。一些知名主播本身就拥有大量忠实粉丝，他们的推荐和使用无形中影响着消费者的购买决策。通过与这些主播合作，品牌能够迅速获得目标受众的认可和信赖，实现口碑传播和销量提升的目的。

此外，社交电商直播平台的算法机制也为品牌曝光提供了有利条件。直播间的观看人数、互动量等数据会影响直播内容的推荐和排序，优质的直播内容更容易获得平台的流量扶持。品牌商通过高质量的直播吸引更多消费者的关注和参与，进而促进直播间人气的上升，以此形成良性循环，不断扩大品牌影响力。

(二) 塑造品牌形象

在直播过程中，主播通过生动的讲解、互动和展示，能够让消费者更深入、更直观地了解品牌的理念、文化和价值主张。这种沉浸式的体验不仅有助于加深消费者对品牌的认知，还能激发其情感共鸣，增强消费者对品牌的认同感。

相比传统的广告宣传，社交电商直播营造了一种更加真实、立体的品牌形象。主播作为品牌的代言人，其个人魅力和专业性都会影响消费者对品牌的印象。一名知识渊博、谈吐幽默、与观众互动良好的主播，能够拉近品牌与消费者之间的距离，塑造亲民、可信的品牌形象。主播对产品的专业解说和使用演示，能够让消费者更全面地了解产品特性，提升品牌的专业形象。

社交电商直播为品牌商提供了一个展示企业文化和社会责任的平台。许多品牌商会在直播中分享幕后故事、公益项目等，来展现品牌的人文关怀和社会担当。这不仅能增进消费者对品牌的好感，还能提升品牌的美誉度和影响力。一个有温度、有担当的品牌形象，更容易赢得消费者的信赖和支持。

社交电商直播的互动属性也为品牌形象塑造提供了新的可能。消费者可以通过弹幕、点赞等方式实时参与直播，表达自己的观点和感受。品牌商通过与消费者及时互动，能够展现亲和力和关怀，拉近与消费者的心理距离。消费者的积极参与和正面反馈，又会反过来进一步强化品牌的口碑效应，吸引更多潜在消费者。

品牌商需要精心挑选和培养主播，设计富有吸引力和感染力的直播内容，并通过多渠道互动传播，不断强化品牌形象。同时，品牌商也要注重线上线下的协同发展，将直播营销与实体店铺、社交媒体等渠道有机结合，构建立体、多元的品牌形象体系。

（三）提高品牌忠诚度

通过直播，品牌商能够更加直观、立体地展示产品特色和价值主张，拉近与消费者之间的心理距离。主播作为品牌的代言人，通过专业、风趣的讲解和与消费者的实时互动，能够增强品牌的亲和力和信任度。消费者在观看直播的过程中，不仅能够深入了解产品的功能和优势，还能感受到品牌文化的魅力，产生情感共鸣。

与传统的广告宣传相比，社交直播营造了更加真实、贴近生活的品牌形象。主播通过分享使用心得、讲述品牌故事等方式，将品牌与消费者的日常生活联系起来，使品牌不再遥远，而是成为生活中可触及的存在。同时，社交电商直播中消费者的积极参与和反馈，也让品牌商有机会及时调整营销策略，更精准地满足消费者需求。这种双向互动可以使品牌与消费者之间建立情感纽带，增强消费者对品牌的认同感和归属感。

社交电商直播能够营造品牌独特的文化氛围，提升品牌辨识度。主播的个人魅力、语言风格以及直播间的布置装饰，都能塑造品牌独特的形象标识。消费者在观看直播的过程中，潜移默化地接受品牌文化的熏陶，逐渐形成对品牌的情感依恋。品牌商通过社交电商直播，能够凝聚一批忠实的粉丝，他们不仅是产品的购买者，更是品牌文化的传播者和推动者。随着互动的深入，消费者与品牌商之间的连接将越来越紧密，使品牌忠诚度得到显著提升。

此外，社交电商直播为品牌商提供了一个展示社会责任、树立良好形象的平台。品牌商可以通过直播，向消费者传递自身的价值理念和公益行动，展现品牌商的社会担当。消费者看到品牌商在环保、慈善等方面的努力，会对品牌产生更多信任和好感，认为这是一个有责任心、值得信赖的品牌。品牌商与消费者在价值观上的契合，能够极大地增强消费者的认同感和忠诚度。

三、社交电商直播对消费者购买动机的影响

（一）促销活动的影响

作为一种新颖的营销方式，直播间里各种各样的优惠折扣、限时秒杀等促销手段，给消费者带来了前所未有的实惠和便利，深刻影响着他们的购买行为和决策过程。一方面，直播间里频繁出现的优惠信息能够有效激发消费者的购买欲望。当主播热情洋溢地介绍某款产品正在进行限时特价或买赠活动时，消费者很容易产生强烈的心理冲动，从而快速做出购买决定。另一方面，直播间里呈现的促销信息具有很强的真实性和可信度。与传统的广告宣传不同，消费者可以通过直播画面清晰地看到主播手中的实物，并现场见证优惠力度的真实性。此外，直播间里独特的限时优惠机制也影响着消费者的决策过程。例如，许多主播会在直播过程中设置专属优惠券，并强调优惠具有时效性，吸引消费者下单。面对"机不可失，时不再来"的促销压力，消费者常常难以全面评估产品，转而依赖直觉和情感快速做出决定。一旦优惠结束窗口关闭，消费者即便想要理性权衡，也已经错失良机。

社交电商直播中的促销活动正在深刻重塑消费者的购物决策方式。一方面，直播间里真实可信的优惠信息能够有效刺激消费者的购买欲望，加速其决策过程；另一方面，限时促销机制又给消费者施加了一定压力，使其更倾向依赖直觉和情感快速做出判断。在这种新颖的营销环境下，消费者如何做出明智的购物决定，将成为一个值得深入探讨的话题。在设计直播促销方案时，也应充分考虑其对消费者决策的潜在影响，在吸引眼球的同时，给予消费者足够的思考空间，引导其进行理性、健康的消费。

（二）社交互动的驱动

在传统电商环境下，消费者的购买决定主要基于商品信息、促销活动等相

对静态的因素，缺乏与卖家的直接沟通和交流。在直播场景中，主播作为商品的推荐者和讲解员，可以与消费者实现面对面的互动，及时回答消费者的提问，尽可能地消除其疑虑，从而增强其购买信心。

消费者不再是被动地接收商品信息，而是可以主动向主播提出关于产品性能、使用方法、优惠政策等方面的问题。主播可以根据消费者的需求，有针对性地进行讲解和说明。这种一对一的沟通模式可以让消费者感受到前所未有的重视和关怀，有利于建立良好的客户关系。与此同时，主播还可以通过互动了解消费者的喜好和痛点，随时调整自己的推销策略，以提高营销的精准度。

社交互动能激发消费者的参与热情和购买冲动。在直播间里，消费者不仅可以与主播互动，还可以与其他消费者进行讨论和交流。当大家对某款产品产生共鸣，形成一种从众心理时，往往会相互影响，促使更多人下单。这种社交驱动下的集体行为，对个体消费决策的形成具有不可忽视的作用。同时，直播间里轻松愉悦的氛围也容易让消费者放下戒备，更加容易接受主播的推荐和引导，从而提高下单转化率。

在长期的互动过程中，消费者往往会对主播产生信任和好感。这种基于人际关系的信任感，是一般的商品描述和广告宣传难以企及的。而且，有些消费者还会因为喜欢和支持主播而产生爱屋及乌的心理，更加愿意购买主播力荐的产品。

（三）消费者的实时反馈

在直播场景下，消费者可以通过弹幕、点赞等方式实时表达自己的观点和感受，主播也能够针对消费者的反馈及时做出回应。这种即时互动不仅能够满足消费者的表达需求，增强其参与感和存在感，还能够为其做出购买决策提供有力支持。

1. 帮助消费者快速获取所需要的信息

在传统电商模式下，消费者往往需要花费大量时间浏览商品详情页、咨询客服等，从而对商品有较为全面的了解。在直播场景中，消费者可以通过提问的方式直接向主播询问商品的性能、使用体验等，主播的实时解答能够帮助其迅速获取关键信息，减少决策时间。与此同时，其他消费者的提问和反馈也能为潜在消费者提供有益参考，帮助其做出更加理性、明智的选择。

2. 增强消费者对商品和主播的信任

在直播过程中，消费者不仅能够看到主播使用商品的真实场景，还能够通过互动了解主播的专业知识和人格魅力。主播对消费者问题的耐心解答、对产品的真诚推荐，都能够拉近与消费者之间的心理距离，建立信任纽带。这种信任感正是促使消费者下单购买的因素之一。当消费者对主播和商品产生认同感时，其购买意愿也会随之增强。

3. 有利于品牌商收集消费者偏好，优化产品和服务

通过分析消费者的提问内容和互动行为，品牌商能够洞察其真实需求和痛点，并据此改进商品设计、优化营销策略。例如，当多位消费者询问某一商品功能时，品牌商会意识到这一功能可能是商品相对劣势的地方，需要及时改进与完善；当消费者对某个商品反响平平时，品牌商则需要反思商品设计是否存在不足。总之，利用实时反馈的大数据分析能够帮助品牌商及时调整经营策略，从而为消费者提供更加贴心、有针对性的产品和服务。

四、社交电商直播对消费者决策过程的影响

(一) 减少决策步骤

直播间的主播对商品的详细讲解和展示，为消费者提供了全面、直观的商品信息，减少了他们主动搜索商品信息的需求。消费者可以通过观看直播快速了解商品的功能、规格、使用方法等，甚至能够看到商品的实际使用效果，这有助于他们迅速判断商品是否符合自己的需求。

在直播过程中，消费者可以通过弹幕等方式与主播实时互动，提出自己的疑问并得到及时解答，这进一步加深了他们对商品的了解和信任。与传统的线上购物相比，这种沟通方式更加直接和高效，消费者能够快速获得所需要的信息，从而加速决策过程。

社交电商直播营造的氛围有助于消费者快速做出决策。主播通过专业的讲解和互动，能够有效吸引消费者的注意力，激发其购买欲望。同时，直播间里其他消费者的实时反馈和购买行为，也会让潜在消费者产生一定的从众压力和

紧迫感，促使他们尽快做出决定。

值得一提的是，社交电商直播还为消费者提供了更加透明和便捷的购买渠道。消费者可以直接在直播间下单购买，无须跳转到其他页面或应用程序，这进一步缩短了从决策到实际购买的时间。而且，主播对商品的详细介绍，也在一定程度上降低了消费者的购买风险，提高了他们的决策信心。

（二）缩短决策时间

在直播场景下，消费者可以实时了解产品信息，与主播和其他消费者互动交流，快速获得全面、真实的产品体验。主播作为品牌商的代言人，通过生动、专业的讲解和演示，能够有效引导消费者理解产品卖点，激发消费者购买兴趣。同时，直播间里其他消费者的实时反馈和评价，也为潜在消费者提供了有效参考。这种沉浸式、互动式的信息获取方式，让消费者能够在短时间内对产品形成全面认知，降低了决策所需要的时间成本。

在追求时效性的同时，部分消费者可能会忽视产品质量、性价比等关键因素，盲目听从主播的意见或跟风购买，导致购后不满。因此，平台和品牌商应加强对直播内容的规范和管理，引导消费者理性消费、科学决策。消费者本身也要提高辨别力和自控力，避免过度依赖直播，树立成熟的消费观念。

社交电商直播具有沉浸式体验、信息对称、互动交流等优势，为消费者打造了高效便捷的购物决策途径。它重塑了消费场景和决策过程，推动电商行业向更加智能化、人性化的方向发展。未来，随着直播技术的不断进步和行业生态的日益成熟，社交电商直播必将在优化消费者购物体验、引领消费新风尚方面发挥越来越重要的作用。

（三）决策信息透明

在社交电商直播环境下，消费者决策过程中信息的获取方式呈现出前所未有的透明度。在传统电商模式下，消费者往往需要在有限、割裂的信息中做出购买决定，难以全面了解商品的真实情况。在直播场景中，主播通过实时展示商品细节、互动解答等方式，为消费者提供了更加直观、丰富的信息。这种信息的高度透明化既增强了消费者的信任感，也削弱了购买决策的不确定性。

具体而言，社交电商直播给消费者决策过程带来的信息透明体现在以下几个方面：首先，直播间里主播对商品的细致展示和讲解，让消费者能够更加真实、立体地感知商品的外观、材质、功能等要素，弥补图文信息的局限性。其次，弹幕互动和实时答疑使消费者的疑问能够得到及时解答，减弱了信息不对称可能带来的顾虑。再次，直播过程中主播、消费者的反馈评价，以及销售数据的实时呈现，成为影响消费者决策的参考。最后，头部主播基于个人信誉对商品品质的保证，也在一定程度上提升了商品信息的可信度。

信息透明化对消费者决策行为产生的影响是深远的。一方面，它使消费者能够基于更充分的信息做出理性选择，提升了决策的效率和质量；另一方面，它在一定程度上缓解了消费者的购买焦虑，提升了购物体验。与此同时，对品牌商而言，信息透明也意味着其产品和服务将被置于"聚光灯"下，这无疑促使其提升产品品质、优化服务水平。

（四）决策支持工具

直播间营造的社交氛围和群体认同感潜移默化地影响着消费者的决策。当看到其他人纷纷下单、互动时，消费者往往会不自觉地产生从众心理，担心错过了一次好的购物机会。这种心理暗示和情感因素无疑会加速消费者的决策过程，使其倾向快速地做出选择。

直播间为消费者提供了丰富的决策辅助工具，如优惠券、限时秒杀、弹幕互动等。这些工具利用消费者的心理偏好和行为习惯，营造出紧迫感和稀缺感，促使其加快决策节奏。同时，直播间里醒目的购买按钮和流畅的下单流程也最大限度地降低了决策门槛，让消费者可以轻松完成从挑选到支付的全过程。

值得一提的是，社交电商直播还通过主播的个人魅力和信任背书，降低了消费者的决策风险感知。当看到自己喜爱和信赖的主播力荐某款商品时，消费者往往会减少对商品质量和卖家信誉的顾虑。这种"主播经济"让消费者的决策过程变得更加简单和直接，不再需要漫长的调研和权衡。

在直播场景下，消费者对主播、商品和平台的选择本身就是一种理性判断。他们会根据自身的需求和偏好，有意识地关注特定领域的直播间和带货主播。同时，消费者也在积累自己的直播购物经验，学会辨别优劣、明智决策。可以说，直播带货正在培养一种全新的消费者决策思维和行为模式。

第二节　社交电商直播对消费者购物心理与情感的影响

一、真实情感的表达

在直播过程中，主播不仅要展示商品的特点、优势，还要通过情感表达拉近与消费者的距离，与消费者建立信任和共鸣。真诚、热情、友善的情感传递能够触动消费者的内心，使其感受到被关注、被理解和被尊重，从而产生积极的情感体验。

相比于传统的电商模式，社交电商直播情感表达的真实性能够打破屏幕的隔阂，拉近心理距离，让消费者感受到如朋友般的亲切感。当主播以真诚的态度介绍产品、解答疑问、分享使用心得时，消费者更容易产生信任感，相信主播推荐的商品质量过硬、物有所值。

社交电商直播中情感表达的真实性能激发消费者的共鸣。优秀的主播善于捕捉消费者的情绪变化，及时给予关怀和鼓励。例如，当消费者对某件商品产生兴趣却又犹豫不决时，主播会真诚地分享自己的使用体验，努力地消除消费者可能存在的顾虑，并给予消费者支持和肯定。这种设身处地的情感表达能够引起消费者的共鸣，产生心灵的契合，促使其做出购买决策。

值得一提的是，情感表达的真实性也是主播个人魅力的组成部分。那些情感表达真挚、热情洋溢的主播往往能够吸引更多消费者。消费者不仅被主播推荐的商品所吸引，更被主播真实的人格魅力所折服。在潜移默化中，消费者能够与主播建立稳固的情感连接，形成超越买卖关系的信任和支持。这种基于情感认同的黏性，是社交电商直播实现消费者长期价值的保障。

当然，情感表达的真实性不是毫无底线的。主播在直播中要把握分寸，避免过度渲染或夸大其词，损害自身公信力。同时，主播还要尊重消费者的情绪体验，给予其适当的选择空间。只有在真实与理性之间找到平衡，才能真正赢得消费者的信赖和支持。

二、共同兴趣与爱好

当主播和消费者拥有相似的兴趣爱好时，他们之间便能够建立一种特殊的情感连接。这种连接超越了单纯的买卖关系，是一种基于共同热爱的社交互动。

主播不仅是商品的推销者，更是兴趣圈子的意见领袖和组织者。他们通过分享自己对某个领域的热情和见解，吸引到一批志同道合的消费者。

以美妆主播为例，她（他）们不仅推荐化妆品，还传递美妆技巧和审美理念。在直播间里，主播与消费者畅所欲言，讨论最新的美妆趋势、心仪的彩妆单品、实用的护肤心得……这些话题远远超出了商品本身，而是构建了一个美妆爱好者的交流平台。消费者之所以对主播推荐的商品感兴趣，很大程度上缘于对主播品位及专业度的认可。这种认可建立在长期的互动和了解之上，是情感层面的信任和欣赏。

除了美妆，其他各行各业的主播也是如此。运动健身主播聚集了一群热爱运动的消费者，手工制作主播吸引了一批乐于创造的"巧手党"……无论是哪个领域，共同的兴趣爱好总能产生强大的向心力和凝聚力。在主播的带动下，原本松散的个体连接成紧密的社群，社群成员之间不断交流、互动，分享彼此在兴趣领域的感悟和心得。久而久之，社群内部能够形成独特的话语体系，这进一步增强了成员的认同感和归属感。

从更深层次的角度来看，兴趣社交在满足人们精神需求方面具有独特的优势。现代社会节奏快、压力大，许多人在工作和生活中难以表达真我。在社交电商直播中，人们可以摆脱现实身份的束缚，以兴趣为导向重新定义自我，获得志同道合的伙伴。在这个过程中，个体不仅可以获得情感慰藉，也可以重塑自我认知。个体的自我效能感、自尊水平得到提升，这种积极的心理变化无疑会增强他们对主播和社群的依恋，从而影响购买决策。

主播在运营兴趣社群时，既要注重经济效益，也要担负起社会责任，引导社群成员形成开放、包容、积极向上的价值观。只有在经济逻辑和社会逻辑之间找到平衡，兴趣社交才能真正成为连接人心、创造价值的桥梁。

三、社群归属感

在社交电商直播的场景中，主播与消费者之间的互动不仅局限于单纯的购物交易，更多的是基于共同的兴趣爱好和价值观而产生的情感连接。通过直播间的实时互动，消费者能够与主播建立更为紧密的联系，产生归属感和认同感。这种情感纽带不仅能够提升消费者的忠诚度，激励他们持续关注及参与直播，还能够为主播提供深入了解受众、优化内容策略的机会。

从心理学的角度来看，归属感是人的基本需求之一。个体渴望成为某个群体的一员，在群体中获得认可和支持。社交电商直播恰好满足了这一需求。在直播间里，粉丝因为对主播或商品的喜爱而聚集在一起，形成了一个虚拟的兴趣社群。他们通过弹幕、礼物等方式参与互动，表达自己的观点和情绪，与主播和其他消费者建立联系。频繁且积极的互动让消费者感受到自己是这个社群的重要成员，从而产生归属感。

与传统电商相比，社交电商直播的优势在于其鲜明的人格化特征。主播作为商品的推荐者和讲解员，同时也是消费者情感寄托的对象。不同于冰冷的商品描述和规格参数，主播以更加生动、直观的方式展示商品，传递使用体验和心得感悟。在这个过程中，主播的个人魅力、专业度、谦逊与真诚等特质能够吸引消费者，从而赢得他们的信赖和支持。消费者欣赏和认同主播的价值观，将其视为值得信赖的朋友，由此产生归属感。

归属感的建立还有赖于社交电商直播的社群运营。优秀的主播和运营团队会有意识地培养社群文化，营造良性的互动氛围。他们通过定期举办活动，设置互动话题，甚至组织线下见面会等方式，增进彼此之间的了解，强化社群凝聚力。在社群中，社群成员因为共同的兴趣爱好走到一起，在其中能够畅所欲言。这种参与感和存在感进一步满足了消费者的归属需求。

社交电商直播之所以能够吸引大量消费者，并非单纯因为低价和便利，更重要的是其满足了人们对于归属感的需求。通过参与直播间的互动，消费者成为兴趣社群的一员，由此获得了情感上的认同和支持。这种归属感增强了消费者与主播、品牌之间的联系，成为社交电商直播的核心竞争力之一。未来，如何进一步强化消费者的参与感和归属感，将成为社交电商直播持续发展的关键所在。

第四章　社交电商直播中的消费者互动

第一节　社交电商直播中的消费者互动类型

一、消费者与主播的互动

（一）实时评论

在直播过程中，消费者可以通过实时评论与主播进行即时沟通，以表达自己的想法、提出问题，甚至参与到直播内容的创作中来。这种互动方式打破了传统电商模式中卖家与买家之间的信息壁垒，拉近了彼此的距离，营造出一种亲切、友好的购物氛围。

从认知层面来看，实时评论有助于消费者更全面、更深入地了解商品信息。在直播中，消费者可以通过评论提出对商品的疑问，如质量、材料、尺码等，主播则可以针对这些问题给出详细的解答。同时，其他消费者的评论也能为潜在消费者提供有价值的参考，帮助其做出更理性的购买决策。这种多方互动不仅能够提高信息传递的效率，还能够增强消费者对商品和品牌的认知。

从情感层面来看，实时评论能够激发消费者的参与热情，满足其社交需求。在评论区中，消费者可以表达自己的观点、分享购物心得，并与其他消费者形成积极的互动。这种交流不仅能够增进彼此的了解，还能够产生一种归属感和认同感。当消费者的评论得到主播或其他消费者的认可时，他们的情绪体验会更加正向，对直播和品牌的好感度也会提升。

从行为层面来看，实时评论是驱动消费者下单的因素之一。在直播过程中，消费者往往会受到主播和其他消费者评论的影响，产生从众心理和购买冲动。当大家对某个商品评价较高、表现出浓厚兴趣时，很多消费者就会自觉地下单。同时，主播也会根据消费者的实时反馈调整自己的销售策略，进一步刺激消费者的购买行为。

（二）礼物打赏

在社交电商直播中，通过送出虚拟礼物，消费者不仅可以表达对主播的支持和认可，还可以满足自身的情感需求和社交需求。对于主播而言，礼物打赏不仅是重要的收入来源，也是衡量其人气和影响力的关键指标。因此，深入探讨社交电商直播中的礼物打赏现象，更有利于理解消费者的行为、优化直播运营策略。

礼物打赏行为的发生，源于消费者对主播的喜爱和认同。在直播过程中，优秀的主播能够通过专业的讲解、幽默的互动，吸引消费者的注意力。消费者在获得良好观看体验的同时，自然会产生想要回馈主播的心理。赠送虚拟礼物，就成为他们表达这种心理的便捷方式。当消费者的礼物出现在直播间时，他们能够获得被重视、被认可的满足感，这正是"存在感需求"的体现。

礼物打赏能满足消费者的社交需求。在直播间里，消费者之间往往会形成某种程度的"共同体"意识。他们因为共同的兴趣爱好聚集在一起，通过实时评论等方式进行交流互动。赠送礼物，则是他们参与互动、展示存在感的手段。当某名消费者的高额礼物出现在直播间时，往往会引发其他消费者的效仿，从而掀起一波礼物打赏的小高潮。在这个过程中，消费者获得了与其他人"同在"的体验，满足了其社交和归属的需求。

从主播的角度来看，礼物打赏是其收入的组成部分。与传统的电商模式相比，社交电商直播的变现途径更加多元化。除了商品销售提成，主播还可以通过礼物分成获得收益。一些头部主播的礼物收入甚至可以占到总收入的50%以上。因此，主播往往会采取各种互动方式，如抽奖、点名感谢等，来鼓励和回馈送礼物的消费者。这种互动不仅能提高消费者的参与感和忠诚度，还能进一步刺激其进行礼物打赏。

礼物打赏现象的兴起，还得益于直播平台的大力推动。为了增强用户黏性、提高直播间的活跃度，各大平台纷纷推出了丰富多样的虚拟礼物。这些礼物往往设计得十分精美，具有较高的收藏价值。有的平台还会举办礼物积分榜、礼物赛等活动，进一步激发消费者的打赏热情。平台的这些营销策略，无疑为消费者进行礼物打赏注入了持续的动力。

（三）私信交流

不同于实时评论和礼物打赏等公开互动，私信交流为消费者和主播提供了相对私密、个性化的沟通渠道。在私信里，消费者可以就感兴趣的商品、使用体验、售后服务等问题与主播进行一对一的深入交流，进而获得更加详尽、针对性强的信息。同时，主播也能通过私信更好地了解消费者的需求偏好，提供个性化的购物建议和服务，增强消费者的信任和忠诚度。

从消费者的角度来看，私信交流的方式满足了他们获取商品信息、寻求购物指导的需求。面对琳琅满目的商品和五花八门的宣传，消费者常常难以做出理性的购买决策。通过与主播进行私信互动，消费者可以详细了解商品的材质、工艺、功能等关键信息，以此客观评估其品质和性价比。主播基于自身的专业知识和使用体验，能够为消费者提供中肯、可信的意见建议，帮助其做出明智的选择。特别是对于一些专业性较强的商品，如电子产品、美妆护肤品等，主播的专业解答和使用心得有利于缓解消费者的顾虑，增强他们的购买信心。

对于主播而言，私信交流是深入挖掘消费者需求、建立稳固客户关系的有效途径。通过一对一的沟通，主播能够更准确地把握消费者的偏好、痛点和需求，从而提供更加精准、个性化的商品推荐和购物指导。这种"千人千面"的服务不仅能够提升消费者的满意度和忠诚度，还有助于主播树立专业、贴心的形象，赢得消费者的信赖。此外，私信交流还为主播提供了宝贵的反馈渠道。消费者在使用商品后的真实感受、对商品的改进建议，都是主播优化商品选品、改进服务质量的依据。通过积极回应消费者的反馈，不断提升商品和服务品质，主播能够与消费者建立良性的客户关系，进而实现长期、稳定的销售增长。

私信交流的个性化、互动性特点，也对主播的综合素质提出了更高要求。首先，主播需要具备渊博的商品知识和丰富的行业经验，能够准确、专业地回答消费者的各种问题。其次，主播需要具备出色的沟通能力和服务意识，以真诚、耐心的态度对待每一名消费者，用贴心、周到的服务赢得信赖。最后，主播需要有敏锐的洞察力和应变能力，能够根据消费者的语言表达、情绪反应等线索，及时调整沟通策略，化解消费者的疑虑和抵触情绪。只有不断提升自身综合素质，用专业和真诚打动消费者，主播才能在激烈的行业竞争中脱颖而出，建立稳固的客户基础。

二、消费者与直播平台的互动

（一）功能使用

在直播间内，消费者可以通过弹幕、点赞等方式实时参与直播，表达自己的观点和感受。这种即时互动不仅增强了消费者的参与感和存在感，也为主播和平台提供了宝贵的反馈信息。同时，直播间还设置了各种互动小游戏和抽奖活动，消费者通过参与游戏、抽奖，不仅能够获得娱乐体验，还有机会赢取奖品或获得优惠，这都极大地激发了消费者的参与热情。

社交电商直播平台提供了详尽的商品信息和购物功能。消费者在观看直播的同时，可以实时查看商品的价格、规格、库存等信息，并通过直播间内的链接快速完成下单购买。这种无缝对接的购物体验，简化了消费者的决策过程，提高了购买转化率。在售后服务方面，许多平台还引入了客服咨询、退换货等功能，消费者能够通过平台获得及时、专业的售后支持，进一步增强了消费信心和满意度。

值得一提的是，社交电商直播平台注重个性化和社交化的功能设计。消费者可以根据自己的兴趣爱好，订阅感兴趣的主播和商品类别，平台会根据消费者浏览、互动的行为，利用大数据和人工智能算法，向其推荐相关的直播内容和商品信息。此外，许多平台还设置了关注、点赞、分享等社交功能，消费者可以与志同道合的用户建立联系，分享购物心得和使用体验，这种社交互动不仅满足了消费者的归属感和认同感，也为商品和主播创造了口碑传播的机会。

（二）活动参与

参与直播间的各类活动，消费者不仅能够获得优惠福利，还能够满足其好奇心、参与感和成就感等多元化需求。这种参与式体验增强了消费者对直播平台和主播的黏性，成为吸引和留存消费者的手段。

直播间的活动形式灵活多样，涵盖抽奖、问答、游戏、打赏等类型。在抽奖活动中，消费者通过在直播间内留言评论、分享转发等方式获得抽奖机会，幸运者可以赢得主播或品牌商提供的奖品。这种偶然性和惊喜感，激发了消费者的参与热情。问答互动则考验消费者对商品的了解程度，回答正确者可获得优惠券等奖励，这既能加深消费者对商品的认知，又能刺激其购买欲望。在游戏互动环节，消费者通过娱乐化的方式与主播实时互动，增进了彼此间的情感连接。打赏则是消费者对主播个人魅力和服务的认可，通过送出虚拟礼物，消费者获得了情感表达和自我价值实现。

参与直播间活动，消费者往往需要投入一定的时间和精力。为了吸引消费者积极参与，主播和平台会精心设计活动规则和奖励机制，提供丰厚的物质及情感回报。同时，社交属性也被充分利用，消费者在参与活动的过程中，可以与主播和其他消费者实时互动交流，增进彼此的了解和信任。这种社交化的参与方式，促进了消费者建立持久的社群关系和归属感，为直播间注入了持久的活力。

与传统的线下促销活动相比，社交电商直播中的活动具有便捷灵活、实时互动、社交裂变等优势。消费者无须亲临现场，即可利用碎片化时间参与直播活动，且可以根据个人喜好选择感兴趣的活动类型。主播与消费者之间、消费者与消费者之间的实时互动，营造了轻松愉悦的参与氛围。参与活动往往需要消费者主动分享和传播，同时，利用社交网络实现裂变式传播，进一步扩大活动影响力，提高了品牌知名度。

社交电商直播活动深刻影响着消费者的购物决策和消费行为。有趣的活动体验，激发了消费者的参与动机，延长了其在直播间的停留时间，提高了购买转化率。同时，参与活动也让消费者对商品和品牌形成了更加立体和深刻的认知，为消费决策提供了更多参考。

三、消费者之间的互动

（一）评论区交流

在社交电商直播的互动空间中，评论区是消费者之间交流的场所。评论区交流不仅能够满足消费者的社交需求，还能够影响其购买决策。通过对直播内容、主播和产品的评论，消费者可以表达自己的观点和感受，与其他消费者分享使用体验和购买建议。这种交流不仅能够增进消费者之间的联系，还能够帮助其他消费者更全面地了解产品，做出更加理性的购买决定。

从消费者心理的角度来看，评论区交流能够满足消费者的归属需要和认同需要。当消费者在评论区发表自己的观点时，他们往往希望得到其他消费者的认可和支持。积极的评论和点赞能够增强消费者的自我认同感，使其感到自己是群体中受欢迎和受重视的一员。当消费者的观点得到其他人的认同和回应时，会产生归属感，感到自己是群体的一部分。这种心理满足感会提高消费者对直播和产品的好感度，增加其购买意愿。

评论区交流能够影响消费者对产品质量和口碑的判断。当面对一个陌生的产品或品牌时，消费者往往会通过其他人的评价来了解产品的优缺点和使用效果。如果评论区中正面评价占主导，消费者会认为这是一款值得信赖的产品；反之，如果负面评价较多，消费者就会对产品产生怀疑和担忧。因此，评论区的舆论导向在很大程度上决定了消费者对产品的印象和购买意愿。品牌方应该重视评论区的管理，及时回应消费者的疑问和不满，营造积极健康的讨论氛围。

此外，评论区交流还能够为品牌提供宝贵的反馈信息。通过分析消费者的评论内容，品牌商可以了解消费者对产品的真实感受和需求偏好，发现产品存在的不足之处，进而优化产品设计和提高服务质量。同时，品牌商还可以在评论区与消费者直接互动，及时解答疑问、化解矛盾，增进与消费者的感情连接。这种沟通互动有利于提升品牌形象，增强消费者黏性。

（二）社群讨论

消费者可以通过社交电商平台提供的社群功能展开更加深入的讨论与交流。相较于评论区的碎片化讨论，社群通常围绕某个特定主题展开，汇聚了一群志同道合的消费者。在社群中，消费者能够就感兴趣的话题进行更加深入、系统的探讨，分享使用心得和独到见解。这些讨论不仅提供了有价值的产品信息，还促进了消费者之间的情感交流，加深了彼此的了解和信任。

社群讨论的互动性和参与感往往更胜一筹。消费者在社群中不再是被动的"看客"，而是主动参与讨论、分享观点的"主角"。这种角色转变能够极大地提升消费者的参与热情和满足感。当消费者投入心力参与讨论时，他们与品牌之间的连接也更加紧密，更容易产生情感共鸣。这种共鸣既能促进品牌认同，又能带动销售转化。

消费者可以在社群中分享和推荐自己喜爱的商品。当一名消费者真诚地向其他社群成员推荐某款产品时，这种口碑传播的效果往往远胜于官方宣传。人们更愿意相信来自真实消费者的推荐，因为其中蕴含着真实的使用体验和情感态度。借助社群成员的分享和推荐，品牌能够吸引更多目标消费者，实现裂变式增长。

在社交电商直播中，消费者之间的讨论互动能够提升参与度，加强情感连接，促进品牌认同，带动销售转化。品牌商和平台应重视并善用消费者社群的力量，通过优质内容和互动机制激发消费者的主动性，营造良性的社群氛围。只有不断强化消费者之间的连接，社交电商直播才能真正实现"人货场"的有机融合，构建牢固的品牌-消费者关系，实现长期可持续增长。

四、消费者与品牌/品牌商的互动

（一）产品咨询方面

通过产品咨询，消费者可以更全面地了解商品的性能、功能、使用方法等关键信息，从而做出更加理性和明智的购买决策。同时，品牌商也能借助这一互动过程，深入洞察消费者的真实需求和痛点，进而优化产品设计和营销策略。可以说，产品咨询在很大程度上架起了消费者与品牌商之间沟通的桥梁，为双方创造了共赢的机会。

从消费者的角度来看，产品咨询有助于降低购买风险，提升消费体验。在社交电商直播场景下，消费者无法像在实体店那样直接触摸和体验商品，这就增加了购买的不确定性。通过与主播或品牌商的实时互动咨询，消费者可以更加立体、全面地认识产品，在很大程度上消除疑虑，树立信心。例如，对于一款新上市的智能手环，消费者可能会关注其防水性能、电池续航、应用程序等，通过咨询主播，他们能够获取权威、专业的解答，从而更加放心地下单购买。

对品牌商而言，产品咨询是了解市场反馈、把握消费趋势的渠道。在与消费者的互动交流中，品牌商可以直接听取用户的意见和建议，及时发现产品存在的不足，并加以改进和完善。同时，品牌商还可以通过咨询互动，挖掘消费者的潜在需求，开发出更符合市场期待的新产品。可以说，产品咨询为品牌商提供了一个"零距离"倾听消费者声音的平台，有利于提升产品力和服务力。

产品咨询还是品牌商树立品牌形象、增强客户黏性的有效手段。在社交电商直播中，主播和品牌商通常会以专业、耐心的态度回复消费者的咨询，展现良好的服务意识和责任担当。这不仅能够赢得消费者的信赖，还能提升品牌的美誉度和影响力。久而久之，消费者与品牌之间就会形成一种紧密的情感连接，促进其二次购买和长期复购。

当然，产品咨询的价值还体现在引导理性消费、培育成熟消费观念等方面。通过与消费者积极互动、悉心解答消费者问题，品牌商可以帮助其树立"货比三家""理性消费"的意识，引导其摒弃盲目跟风、过度消费的不良习惯，成为一名对自己和社会负责的现代消费者。

（二）售后服务方面

与传统电商相比，社交直播电商的售后服务面临着更大的挑战。首先，社交直播电商的商品种类繁多，且多为非标品，这就加大了售后服务的难度。其次，在直播过程中，主播对商品的介绍和展示往往比较片面，容易引起消费者对商品的误解，进而产生售后纠纷。最后，社交直播电商的消费者群体庞大，且地域分布广泛，这对售后服务的时效性和覆盖面提出了更高要求。

面对这些挑战，社交直播电商平台和品牌商需要不断创新售后服务模式，提升服务质量。一方面，要建立完善的售后服务制度和流程，明确售后服务的范围、标准和时限，确保消费者的合法权益得到保障。例如，对于质量问题、尺码不合等常见售后问题，要制定统一的处理方案和赔偿标准，避免因处理不当引发纠纷。另一方面，要充分利用大数据、人工智能等技术手段，提高售后服务的智能化水平。例如，可以通过数据分析，精准识别和预测消费者的售后需求，主动提供个性化的服务；又如，可以建立智能客服系统，通过自然语言处理和知识图谱技术，实现售后问题的自动分类和应答，提高服务效率。

除了制度建设和技术创新，社交直播电商平台和品牌商还应重视与消费者的情感互动和信任建设。售后服务不仅仅是解决问题，更是与消费者沟通、维系关系的过程。在处理售后问题时，客服人员应秉持真诚、耐心、专业的服务态度，站在消费者的角度思考问题，设身处地为其着想。对于消费者的合理诉求，要积极回应和满足；对于不合理的要求，也要耐心解释和疏导，避免矛盾激化。同时，要注重与消费者的情感互动，通过关怀备至的语言、贴心周到的服务，拉近与消费者的心理距离，增进彼此的信任和理解。只有让消费者感受到真诚和温暖，才能赢得其长期的信赖和支持。

社交直播电商平台还应加强对品牌商售后服务的管理和督导。一方面，要建立品牌商售后服务评价体系，根据消费者的反馈和评价，对品牌商的服务质量进行考核和排名，并与平台资源的分配挂钩。对于服务优质的品牌商，可以给予流量倾斜、费率优惠等奖励；对于服务不达标的品牌商，则要求其限期整改，情节严重的可以终止合作。另一方面，要加大对品牌商售后服务的培训和指导力度，帮助其增强服务意识和完善服务技能。可以定期组织线上线下的培训活动，邀请服务专家进行辅导，分享优秀案例和实践经验；也可以建立品牌商售后服务社群，鼓励品牌商之间交流互鉴，共同提升服务水平。

第二节 社交电商直播中消费者互动的影响因素分析

一、主播因素

(一) 主播的专业素养

主播的专业知识、职业操守、语言表达能力等综合素质，直接决定了消费者的互动体验和参与度。

1. 具备扎实的专业知识

在社交电商直播中，主播往往需要详细介绍和演示产品的性能、功能、使用方法等。这就要求主播对所推荐的商品有深入的了解和使用经验，能够准确、全面地传递产品信息，解答消费者的疑问。相反，如果主播对产品一知半解，在介绍过程中出现错漏，就会削弱自身的公信力，引起消费者的不满。因此，专业的主播会主动学习产品知识，深入钻研商品特性，以真诚、专业的姿态打动消费者。

2. 良好的职业操守

恪守职业道德的主播更加重视产品质量和消费者利益，不会为了一时的销售业绩而牺牲自己的信誉和口碑。他们用实际行动践行诚信准则，以平等、尊重的态度对待每一名消费者。正是这种高尚的职业操守，赢得了消费者发自内心的认可和信赖。

3. 出色的语言表达能力

在社交电商直播中，主播需要通过言语将产品的优势生动、准确地传达给消费者，激发其购买欲望。这就考验主播的口才和临场反应能力，需要他们用流利、幽默、富有感染力的语言，将枯燥乏味的产品信息转化为引人入胜的故事。优秀的主播善于运用比喻、排比等修辞手法，将产品特色形象化、具体化，以加深消费者的印象。同时，他们还能根据消费者的反馈灵活调整话术，用最贴近用户的语言打动人心。久而久之，主播的语言魅力成为吸引消费者驻足的"磁石"，成为直播间人气的保证。

此外，主播的仪表形象、亲和力、积极的心态等综合素质，也是影响消费者互动体验的因素。外表得体、举止大方的主播更能给人以专业、诚信的印象，从而拉近与消费者的心理距离；随和、平易近人的主播更容易与消费者产生共鸣，营造出轻松愉悦的互动氛围；乐观、充满激情的主播能够感染消费者，将正能量传递给每一名观众。这些看似细微的特质，却能在无形中增进主播与消费者的情感连接，增强互动黏性。

（二）主播的互动技巧

优秀的主播能够巧妙运用各种互动策略，激发消费者的参与热情，营造活跃、友好的直播氛围，从而提高消费者的满意度和忠诚度。

1. 言语互动

幽默风趣的开场白能够迅速吸引消费者的注意力，缓解陌生感，拉近与消费者的心理距离。在直播过程中，主播需要根据消费者的反馈及时调整语言风格和节奏，运用提问、抢答等方式鼓励消费者积极发言，回应消费者的疑问和建议，让其感受到被重视和尊重。此外，主播还可以利用流行语等元素增添趣味性，增强互动的娱乐性和记忆度。

2. 肢体语言的运用

亲切的微笑、友善的眼神交流能够拉近与消费者的情感距离，传递温暖、真诚的情绪。适当的手势能够增强语言的表现力，吸引消费者的注意力。恰到好处的肢体表演能引发消费者的情感共鸣，增强互动的参与感和仪式感。主播的肢体语言应自然、得体，以免引起消费者的反感。

3. 情境互动

主播可以根据产品特点和受众属性，设计与之相匹配的互动情境，如试用测评、角色扮演等，引导消费者代入情境，感受产品的独特魅力。情境互动不仅能够生动展现产品卖点，加深消费者印象，还能调动消费者的感官体验，激发购买欲望。同时，情境互动有助于加强消费者与主播、消费者与产品之间的情感连接，提升消费者的忠诚度。

4. 奖励机制

主播可以根据直播目的和产品属性，灵活设置奖励规则，如抢答送礼、互动打赏等，调动消费者参与互动的积极性。多样化的奖励方式能够满足不同消费者的需求，如实物奖励能够强化互动的仪式感，虚拟奖励（如积分、优惠券等）能刺激消费者的收集欲和使用欲。值得注意的是，只有奖励的设置公平合理，奖品的吸引力与互动投入相匹配，才能维系消费者的参与热情。

面对消费者的负面评价等突发情况，主播需要保持冷静和理性，运用同理心化解矛盾，必要时及时终止互动或寻求平台协助，避免局面失控影响直播秩序。主播出色的危机应对能力不仅能够维护其形象和直播氛围，还能赢得围观消费者的认同和支持。

（三）主播的个人魅力

在直播间里，主播不仅是商品的推荐者和讲解员，更是品牌形象的代言人和情感交流的发起者。主播独特的个人魅力能够深深吸引消费者的注意力，赢得他们的信任和喜爱，从而形成稳定的消费群体，带动销量的持续增长。主播个人魅力的塑造需要从外在形象、语言表达、知识储备、情商修养等方面着手。

1. 外在形象

在外形上，主播要有鲜明的个人风格和独特的穿搭品位，给人以精神焕发、积极向上的印象。同时，干净利落的仪容仪表，得体大方的肢体语言，能彰显主播的专业素养和职业操守。

2. 语言表达

在语言表达上，主播要做到语言生动活泼、逻辑清晰缜密。无论是介绍商品功能，还是与消费者互动聊天，主播都要用通俗易懂的语言，准确传递信息，引发共鸣。机智风趣的谈吐、恰到好处的幽默感，能快速地拉近与消费者的心理距离，营造轻松愉悦的互动氛围。同时，主播还要注意对语速节奏的把控，温柔舒缓的嗓音对消费者来说是一种难以抗拒的吸引力。

3. 知识储备

全面的产品了解和专业的讲解能力是主播个人魅力的重要体现。对于主打的商品品类，主播要有深入的认知和体验，对其原材料、工艺流程、使用效果等了如指掌，并能够用通俗生动的语言将专业知识转化为消费者易于理解和接受的表达。同时，主播还要及时了解行业动态和热点话题，与消费者分享新鲜资讯，展现其专业视野和前瞻性思考。

4. 情商修养

换位思考、感同身受的同理心是主播必备的素质。对消费者的困惑和诉求，主播要做到设身处地、用心聆听，以真诚关切的态度给予解答和安抚。对于负面评价和刁难，主播也要冷静处之、坦然面对，用理性沟通化解矛盾，传递正向价值观。此外，主播还要注重个人形象的维护，坚守职业底线和道德操守，以无可挑剔的言行赢得消费者的认可和信赖。

塑造主播个人魅力离不开直播平台的引导和规范。平台要建立完善的主播筛选、培训、考核机制，引入高素质、高学历的专业人才，为其提供系统的理论学习和实操演练。定期举办主播大赛、研讨会等，为主播提供展示才华、互相切磋的舞台。对于商品质量把关、话术规范、直播时长等，平台也要制定明确标准，加强监管和引导，促进主播良性竞争、共同成长。

二、消费者因素

（一）消费者的参与动机

消费者参与社交电商直播的动机多种多样，既有功利性的一面，也有情感性的一面。

从功利角度来看，许多消费者参与直播的目的是获取商品信息、优惠折扣，甚至是免费赠品。将消费者参与直播的动机完全归结为功利性需求，显然失之偏颇。事实上，情感因素在其中也发挥着重要作用。对许多消费者而言，社交电商直播提供了一个与主播、其他消费者互动交流的平台，满足了他们社交和情感表达的需求。在直播间里，消费者可以通过弹幕、礼物等方式与主播实时互动，表达自己的观点和情绪。这种互动不仅能够增进与主播之间的感情，还能从主播和其他消费者那里获得认同感和归属感。对于一些忠实粉丝来说，参与直播更是支持和追随偶像的重要方式。

消费者参与社交电商直播可能出于好奇心理和娱乐需求。直播间里新奇的商品、有趣的互动方式对许多消费者而言充满了吸引力。通过观看直播，消费者能够了解最新的商品动向、潮流趋势，以满足自己的好奇心。同时，主播幽默风趣的讲解、与观众的互动游戏等为消费者提供了娱乐和放松的渠道。在快节奏的生活中，许多人将观看直播视为一种轻松愉悦的休闲方式。

消费者参与社交电商直播的动机是复合性的，功利性和情感性因素往往交织在一起，难以泾渭分明。例如，消费者可能出于对主播的喜爱而参与直播，但同时也希望通过互动获得优惠券或礼品。此外，消费者对直播内容的好奇首先吸引了他的注意力，继而对主播产生好感，最终下单购买商品。社交电商直播独特的互动形式和氛围，满足了消费者多元化的需求，提供了功利和情感兼顾的参与动机。这让消费者与主播、品牌商之间建立起了紧密的联系，也为直播电商的繁荣发展奠定了基础。

（二）消费者的互动习惯

消费者在直播间中通过实时评论、提问、点赞等方式与主播和其他消费者互动，形成了独特的消费者互动习惯。这些习惯不仅反映了消费者的个性特点和行为偏好，也深刻影响着社交电商直播的营销效果。

从互动频率来看，不同消费者的参与度存在显著差异。一部分消费者属于"活跃型"，他们在直播间中积极发言、提问，与主播保持频繁互动。这类消费者通常对直播内容兴趣浓厚，渴望获得更多产品信息和购物体验。另一部分消费者则相对"沉默"，他们更多地扮演"围观者"角色，偶尔参与互动，交流频率较低。对于主播和平台而言，要采取策略调动"沉默型"消费者的参与热情，提升其互动频率。

从互动内容来看，消费者的互动习惯呈现多样化特点。在直播间中，有的消费者偏好就产品功能、价格等实用信息提问，关注商品本身的性价比。有的消费者则热衷于分享购物心得、使用体验，注重与其他消费者的交流互鉴。还有一些消费者的互动内容集中在抽奖、秒杀等营销活动，更看重直播间提供的优惠福利。主播需要全面把握消费者的互动诉求，有针对性地设计直播内容和互动环节，才能吸引不同类型的消费者广泛参与。

从互动时段来看，消费者的在线习惯各不相同。部分消费者集中在休闲时段（如午休、下班后等）观看直播，这些时段通常是直播间人气较高的"黄金期"。另一部分消费者则习惯利用碎片化时间"蹭直播"，如等车、排队时观看几分钟直播内容。因此，主播要合理把控直播时长，既要在"黄金时段"集中精力互动，也要满足"碎片化"时段消费者的观看需求。灵活调整直播节奏，才能最大限度地匹配消费者的互动习惯。

消费者互动习惯的养成受平台环境的影响。友好、积极的直播氛围更能激发消费者参与互动的热情。当消费者感受到主播的真诚关切，得到其他消费者的积极响应时，往往更愿意投入时间和精力互动。反之，如果直播间中充斥着过于商业化的氛围，消费者互动的积极性就会大打折扣。因此，营造良性的互动生态，是提升消费者互动黏性的关键。

（三）消费者的信任度

当消费者对主播和平台建立起较高的信任度时，他们更倾向相信主播推荐的产品，愿意与主播积极互动，并对平台产生归属感和忠诚度。反之，如果消费者对主播和平台存在怀疑和戒备，那么再精彩的直播内容和优惠的促销活动也难以打动他们，更不能引导他们参与互动、进一步完成购买决策。

消费者对社交电商直播的信任建立需要主播和平台在多个方面共同努力。首先，主播的专业素养和个人魅力是赢得消费者信任的基础。专业的产品讲解、真诚的分享态度、具有亲和力的人格特质，有助于拉近与消费者的心理距离，让其产生信任感。此外，主播还应注重塑造个人品牌，以真实、稳妥的形象示人，避免前后矛盾、言行不一，引起消费者的怀疑。其次，优质的产品和服务是消费者信任的关键支撑。主播推荐的产品如果出现夸大其词、以次充好等问题，即使只有一次也会严重损害消费者的信任。因此，主播必须对推荐产品进行充分的了解和把关，确保其品质和性价比名副其实，以负责任的态度对待每一次推荐。最后，产品的售后服务要完善到位，做到及时解决消费者遇到的问题，让其感受到重视和呵护。

平台的诚信经营影响消费者的信任度。当前，部分社交电商平台存在信息不透明、刷单炒信、消费者权益保障不力等问题，引发了消费者的不满和质疑。因此，平台应进一步健全相关制度，加强对入驻品牌商和主播的资质审核，完善消费者权益保障机制，营造公开透明、有序规范的经营环境。同时，平台还要重视与消费者的沟通和互动，通过人性化的客户服务，积极回应他们的诉求和意见，以真诚、负责的态度赢得其信任。

消费者在直播间停留时间越长、互动次数越多、参与的讨论和活动越深入，就越容易对主播和平台产生认同感和信任感。主播要设计出引人入胜的互动话题和环节，鼓励消费者畅所欲言、积极参与。同时，对于消费者的提问和意见，主播要给予及时、有针对性的回应，让其感受到被尊重、被重视。久而久之，消费者对主播的了解加深、情感连接增强，信任度自然便会提升。

三、产品因素

（一）产品的吸引力

在信息爆炸的时代，消费者面对海量的商品信息，往往会优先关注具有独特魅力和价值主张的产品。真正吸引人的产品不仅能够激发消费者的兴趣，引发他们的讨论和分享，还能够促使他们产生购买欲望，最终提高转化率。

1. 产品的功能价值

消费者之所以愿意在直播间驻足、互动，很大程度上是因为产品能够满足其实际需求。无论是具有创新精神的产品，还是日常生活中的必需品，只要能够切中消费者的痛点，提供实用的功能，就能赢得他们的青睐。因此，社交电商直播中展示的产品应当具有鲜明的功能特色和独特的使用价值，以此吸引目标消费者的注意力。

2. 产品的外观设计

审美是人的天性，消费者往往会被外形精美、设计时尚的产品所吸引。当下，颜值出众的产品更容易在直播间脱颖而出，引发消费者的关注和讨论。因此，社交电商直播中的产品应当在外观上下足功夫，以简约大方、色彩协调的设计风格，塑造出与众不同的视觉形象，从而提升产品的吸引力。

3. 产品的品牌故事

在社交电商直播的环境下，单纯罗列产品的功能特点往往难以打动人心。相比之下，动人的品牌故事更能引起共鸣，激发情感连接。讲述产品诞生的初心、蕴含的匠心，以及背后的文化内涵，能够赋予其丰富的内在意义，拉近与消费者的心理距离。因此，在社交电商直播中，应当注重挖掘和传播产品的品牌故事，以情感化的方式增强产品的吸引力。

4. 产品的创新性和独特性

在同质化严重的市场环境下，具有全新概念、领先技术、独特卖点的产品往往能够脱颖而出，吸引消费者的注意力。创新不仅意味着功能的创新，更代表着生活方式的改变。因此，社交电商直播应当重点发掘和展示具有创新精神的产品，以新奇有趣的呈现方式，激发消费者的好奇心和探索欲，提升产品的吸引力。

（二）产品的性价比

性价比是指产品的品质、功能和售后服务等综合价值相对于价格而言是否具有竞争优势。性价比高的产品往往能够吸引更多消费者的关注，引发更积极频繁的互动讨论，促进成交转化。

对于直播间的消费者而言，他们不仅关注产品本身的品质和功能，更看重其是否物有所值。毕竟，在琳琅满目的商品中做出选择本就不易，若性价比不佳，消费者自然会失去兴趣。反之，若主播在直播中着重强调产品的高性价比，列举出同类产品的价格对比，分析其在品质、功能等方面的优势，消费者就容易产生认同感，愿意投入时间和精力去了解、讨论乃至购买。

事实上，许多社交电商直播的爆款产品之所以能够脱颖而出，成为话题焦点，很大程度上归因于其出众的性价比。爆款产品或以亲民的价格提供优质的使用体验；或集多种实用功能于一身，为消费者节省开支；或有贴心的售后服务作为保障，让购物更加无忧。当然，对产品性价比的判断因人而异。例如，有的消费者看重物美价廉，有的则青睐功能丰富，还有的最在意售后无忧。主播在讲解产品性价比时，要全面考虑不同消费者的关注点，有的放矢地突出产品优势。只有做到这一点，才能最大限度地激发消费者的认同感及参与热情。

产品性价比的塑造需要主播的巧妙引导。单纯罗列产品参数和价格对比往往乏味无趣，难以吸引消费者驻足。相比之下，若主播能以讲故事的方式娓娓道来，分享产品给自己或他人带来的切身利益，消费者则容易产生共鸣，对产品性价比的认知也会更加深刻。同时，适时提供限时优惠等福利也能刺激消费者参与互动。

产品性价比对消费者互动意愿的影响会随时间发生变化。最初的新鲜感和冲动或许能掩盖性价比不足的问题，但随着直播间产品的不断迭代更新，消费者难免会产生审美疲劳和比较心理。因此，品牌商和主播必须时刻保持产品的性价比优势，以新品类、新功能、新优惠等方式持续刺激消费者的兴趣，方能在激烈竞争中立于不败之地。

（三）产品的品牌影响力

强势的品牌能够吸引消费者的关注，激发其参与热情，从而提高互动质量。相反，知名度低、美誉度差的品牌则难以在直播中激发消费者的兴趣，互动效果也会大打折扣。

品牌影响力体现在消费者对品牌的认知和信任程度上。广为人知、口碑载道的品牌往往已经在消费者心中树立起良好形象，积累了深厚的信任基础。当消费者在直播中看到熟悉的品牌时，会不自觉地产生亲切感和信赖感，更愿意主动参与互动，表达自己的见解和想法。相比之下，不知名的品牌很难在短时间内赢得消费者的青睐。

品牌影响力会影响消费者对产品质量和性能的预期。知名品牌在消费者心目中往往代表着优质、可靠的产品，使用体验有保障。在直播中，消费者会更乐于就知名品牌的产品提出问题，深入了解其功能特色和使用感受。非知名品牌的产品则可能遭遇消费者的质疑和顾虑，使互动话题难以深入展开。

品牌影响力关乎消费者的身份认同和社交需求。使用知名品牌的产品，有助于提升消费者的自我形象，彰显其品位和地位。在直播互动中，消费者会更乐于展示自己与知名品牌的关联，渴望获得他人的认可和赞许。非知名品牌则难以满足部分消费者的虚荣心理，互动动力也会相对不足。

品牌影响力的背后，是品牌长期积累的无形资产，如美誉度、忠诚度、认知度等。知名品牌往往拥有一大批忠实的粉丝，他们对品牌有深厚的感情，乐于在直播中为品牌代言，主动传播品牌信息。这种互动行为会带动更多消费者参与其中，形成良性循环。非知名品牌则缺乏这样的粉丝基础，互动传播的声势相对有限。

一旦出现产品或服务问题，负面影响可能迅速放大，引发消费者的集中不满和抵制。因此，知名品牌更需要在直播中密切关注消费者的反馈，及时化解矛盾，维护品牌形象。非知名品牌虽然负面影响相对有限，但也要注重产品和服务质量，避免在互动中出现信任危机。

四、环境因素

（一）平台的技术支持

直播的顺畅运行离不开平台强大的技术支撑，这也是吸引消费者参与互动的关键因素。

首先，电商平台需要搭建稳定、流畅的直播系统。消费者在观看直播时，最基本的要求就是画面清晰、音质优良，不会出现卡顿、延迟等问题。这对平台的技术能力提出了较高要求。优秀的电商平台会投入大量资源，建设高性能的服务器集群和宽带资源，确保直播信号的实时传输。同时，平台还需要开发智能调度算法，根据用户的网络状况、设备性能等因素，动态调整视频码率和分辨率，保证用户/消费者的观看体验。倘若直播系统不稳定，频繁出现技术故障，消费者的观看热情必然会受到影响，参与互动的积极性也会下降。

其次，电商平台应提供丰富、便捷的互动功能。在社交电商直播中，消费者渴望与主播、其他用户实时交流，表达自己的想法和感受。为满足消费者的互动需求，电商平台需要开发多样化的互动工具，如弹幕、点赞、送礼、私信等。这些功能的实现离不开平台雄厚的技术实力。例如，针对弹幕功能，平台需要解决弹幕的并发处理、同步展示、内容审核等一系列技术难题，才能确保弹幕功能稳定高效。互动工具的易用性也至关重要。倘若操作过于复杂，消费者很可能因为无法熟练使用而放弃互动。因此，电商平台还需要在用户界面设计、交互体验等方面下足功夫，最大限度地降低用户的使用门槛。

再次，电商平台需利用大数据、人工智能等前沿技术，提升消费者互动的精准度和互动体验。在社交电商直播中，消费者往往会产生大量的用户行为数据，包括观看时长、互动频次、购买记录等。电商平台可以采集并分析用户行为数据，深入了解消费者的兴趣爱好、互动习惯等，进而为其推荐感兴趣的直播内容，促进互动。例如，平台可以通过机器学习算法，实时预测消费者可能感兴趣的商品，并在直播界面中突出展示；平台可以应用自然语言处理技术，智能识别消费者在弹幕、评论中的关键诉求，帮助主播快速做出回应。前沿技术的应用，不仅能够增强消费者互动方面的针对性，还能创造更加智能、流畅的互动方式，带来更加愉悦的直播体验。

最后，平台在技术方面的创新有助于激发消费者互动的新可能。伴随虚拟现实、增强现实等沉浸式技术的发展，未来电商平台有望打造更加逼真、身临其境的直播场景，让消费者获得超越传统网络直播的全新体验。例如，利用虚拟现实技术，消费者可以身临其境地感受商品的使用效果，仿佛置身线下门店；增强现实技术则可以帮助消费者实时试穿或试用商品，增强互动的真实感。这些新技术的应用会开启直播互动全新的想象空间，吸引更多消费者主动参与其中。

（二）直播间的氛围

良好的直播氛围能够吸引和留住观众，促进主播与观众之间的互动，提高消费者的参与度和购买欲望。反之，沉闷、无趣的直播氛围则会让观众迅速流失，导致转化率下降。因此，社交电商直播要营造积极向上、热情活跃的直播间氛围。

从心理学角度来看，直播间氛围的营造需要充分考虑消费者的情感需求。在轻松愉悦的氛围中，消费者更容易产生积极的情绪体验，对主播和产品生成好感，增强购买意愿。同时，良好的直播氛围还能满足消费者的社交需求，让其感受到归属感和认同感，增强黏性。相反，压抑沉闷的氛围会让消费者产生疏离感，降低参与热情。因此，主播要善于通过语言、表情、肢体等方式营造欢快、友好的直播氛围，让消费者感受到被关注、被重视。

从互动设计的角度来看，直播间氛围的营造离不开科学的互动机制。首先，主播要鼓励观众参与讨论、发表意见，通过提问、抽奖等形式增加互动频次，活跃直播间气氛。其次，要建立奖励机制，对于积极参与互动的观众给予打赏、优惠等激励，调动其参与热情。再次，要注重情感连接，通过讲故事、分享生活等方式拉近与观众的距离，营造亲近感。最后，要根据产品特点和受众属性，设计个性化的互动形式，提高参与的趣味性和针对性。

从直播间布置的角度来看，良好的视觉环境是营造氛围的重要因素。简洁明快的画面风格、温馨舒适的场景布置能给观众以良好的视觉感受，烘托出轻松愉悦的氛围。同时，直播间背景中还可以融入品牌元素，增强品牌曝光和认知。在重要促销节点，还可以通过装饰布置突出节日气氛，渲染狂欢氛围。当然，在视觉设计上也要避免过度堆砌，保持画面的清新和空间感，给予观众舒适的观看体验。

从直播内容的角度来看，高质量、有价值的内容能吸引观众、留住观众。主播要围绕产品卖点，提供翔实的功能讲解、进行生动的使用演示，帮助消费者全面了解产品特色和优势。同时，主播要分享产品使用的真实体验和效果反馈，增强说服力和可信度。在直播过程中，主播还可以穿插趣味挑战、才艺展示等环节，丰富直播内容，增强娱乐性和互动性。在选品上，主播要紧跟流行趋势，满足消费者的多元化需求，不断为其带来新鲜感和惊喜感。

良好的直播间氛围能够带来多方面的积极效应。一方面，它能提高消费者观看时长和互动频次，为主播积累人气，沉淀忠实粉丝；另一方面，它能刺激消费者的参与热情和购买冲动，以此提高成交转化率和客单价。从长远来看，积极向上的直播间氛围还有助于建立良性的品牌形象，提升消费者的品牌好感度和信任度。

社交电商直播必须高度重视直播间氛围的营造，通过精心设计互动机制、布置温馨舒适的直播场景、提供优质有趣的直播内容，多措并举营造轻松愉悦、引人入胜的直播氛围。只有让消费者在直播间获得美好的情感体验，才能赢得他们的芳心，推动直播销售的长足发展。

（三）社交媒体的传播力

社交媒体以其便捷性、交互性和普适性，深刻改变了人们的生活方式和信息获取习惯。对于社交电商直播而言，社交媒体更是扮演着"助推器"的角色，为其快速发展提供了强大动力。

从传播范围来看，社交媒体打破了时空限制，使社交电商直播能够触达更广泛的受众群体。通过社交平台，品牌商可以轻松地将直播信息推送给目标用户，吸引其参与互动、购买。同时，用户还可以通过社交媒体分享自己的观看体验和购物心得，形成口碑效应，进一步扩大直播的影响力。这种传播模式极大地提升了社交电商直播的曝光率和转化率。

从传播效率来看，社交媒体缩短了信息传递的时间，提高了社交电商直播的响应速度。在传统营销模式下，品牌商需要投入大量时间和成本来制作宣传材料、组织营销活动，而在社交媒体时代，只需要发布一条直播预告，就能在短时间内吸引大量关注。同时，利用社交媒体的即时互动功能，品牌商还可以实时回应用户的提问和反馈，增强用户黏性和提升信任度。这种高效的信息传递方式，使社交电商直播能够快速响应市场需求，抓住销售机会。

从传播形式来看，社交媒体丰富了社交电商直播的表现手法，提升了直播内容的吸引力。在社交媒体平台上，品牌商不仅可以通过文字、图片、视频等形式展示商品信息，还可以利用话题标签、挑战赛等互动玩法增加直播的趣味性。特别是在短视频平台，品牌商可以通过创意剪辑、特效制作等方式，打造出爆款直播内容，吸引用户驻足观看并参与互动。这种多元化的传播形式，极大地丰富了社交电商直播的表现力，提升了用户的观看体验。

社交媒体为社交电商直播提供了精准的用户数据支持。通过社交媒体平台，品牌商可以详细了解用户的个人信息、兴趣爱好、行为习惯等，从而实现精准营销和个性化推荐。例如，根据用户的搜索记录和浏览历史，品牌商可以在直播中有针对性地推荐商品，增强用户的购买意愿。同时，社交媒体平台还提供了完善的数据分析功能，帮助品牌商实时监测直播效果，优化营销策略。这种数据驱动的运营方式，为社交电商直播的精细化运作提供了有力支撑。

第三节　社交电商直播中消费者互动的策略

一、互动内容策划

（一）互动内容的主题选择

合适的互动主题能够吸引消费者的注意力，激发其参与热情，进而促进互动效果的显现。在选择互动主题时，主播应充分考虑消费者的需求和偏好，选取与其切身利益相关、具有普遍吸引力的内容。同时，互动主题还应与直播商品紧密相关，能够自然引出对产品卖点的介绍和讨论。

从消费者需求的角度来看，互动主题应围绕消费者关注的热点问题展开。例如，在美妆类直播中，消费者往往对化妆技巧、护肤心得等内容感兴趣。因此，主播可以设计"夏日防晒攻略""快速上妆小技巧"等互动主题，邀请消费者分享自己的经验和困惑。这不仅能够吸引消费者参与讨论，还能借助消费者的真实反馈向其他观众证明产品的实用性和有效性。在母婴类直播中，互动主题可以聚焦育儿知识、母婴健康等方面。通过开展"婴儿辅食制作大PK""家长必备育儿指南"等互动，主播能够与消费者建立情感连接，赢得消费者的信任，为后续的产品推荐创造良好条件。

除了关注消费者需求，互动主题的选择应体现出与直播商品的高度关联性。有效的互动往往能够自然过渡到产品卖点，引导消费者对商品价值的深入认知。例如，在服装类直播中，主播可以设置"穿搭风格大挑战"的互动环节，请消费者利用直播间在售的服装进行创意搭配。在消费者充分体验产品特性的基础上，主播可以顺势介绍不同产品的设计理念、面料功能、穿着场合等，加深消费者对产品的了解和喜爱。在3C数码类产品〔计算机（computer）、通信（communication）和消费电子（consumer electronics）三类数字化电子产品的简称〕直播中，"新品体验官招募""使用攻略大放送"等互动主题能够激发消费者的尝鲜欲望，诱导其积极探索产品卖点，提高下单转化率。

互动主题的设置应紧跟社会热点，把握时代脉搏。巧妙融入当下流行元素，能够增强互动内容的新鲜感和吸引力，拉近与消费者的距离。例如，在重大节日期间，主播可以围绕节日主题开展互动，营造欢乐祥和的氛围。在五四青年节到来之际，直播间可以发起"青春正当时，奋斗最美丽"的互动话题，与消费者分享个人奋斗历程，传递积极向上的正能量。

(二) 互动内容的创意设计

在设计互动内容时，直播平台和主播需要充分考虑消费者的多样化需求和互动偏好，以创新的思维和方式打造出富有吸引力和参与感的互动环节。

1. 以消费者体验为中心

直播互动不同于传统的单向传播，其本质在于构建主播与消费者之间的双向交流和情感连接。因此，互动内容的设计必须立足于消费者的真实需求，而非主播或平台的主观意愿。通过深入洞察消费者的心理特征、行为习惯、兴趣爱好等，直播平台和主播能创造出切合消费者期待的互动形式，激发其参与热情。

2. 契合直播主题和产品特性

在社交电商直播场景下，互动往往服务于商品销售和品牌推广的目的。因此，互动内容的设计应与直播的主题内容和产品属性紧密相连，形成有机统一的整体。例如，在美妆类直播中，可以设计虚拟试妆、美妆技巧分享等互动环节；在数码产品直播中，可以通过产品体验、功能演示等形式吸引消费者参与。通过互动与直播主题和产品特性的深度融合，能够增强互动的针对性与有效性。

3. 保持新颖性和多样性

在信息爆炸的时代，消费者对互动形式的审美疲劳日益凸显。因此，直播平台和主播必须不断推陈出新，以创新的互动玩法和形式吸引消费者的注意力。一方面，可以借鉴其他娱乐形式（如综艺节目、影视剧等）的成功经验，将其创意元素融入直播互动中；另一方面，要勇于突破既有思维定式，积极尝试前所未有的互动方式，以新奇有趣的体验来俘获消费者的心。

4. 兼顾参与门槛和互动强度

互动形式应力求简单易上手，让更多消费者能够轻松参与其中，激励其分享和传播；互动内容又不能过于肤浅，应具有一定的挑战性和趣味性，满足消费者的成就感和互动需求。因此，直播平台和主播需要在互动设计时寻求参与门槛和互动强度的平衡，既要让消费者乐于参与，又要保证互动的丰富性和吸引力。

5. 数据分析和迭代优化

在社交电商直播中，消费者的互动行为能够产生海量数据，其中蕴含着宝贵的洞察信息。直播平台和主播应积极收集和分析互动数据，挖掘消费者的行为特征和偏好变化，并以此为基础不断优化互动内容的设计。通过数据驱动的迭代优化，互动内容能够实现精准化、个性化的匹配，持续提升消费者的互动体验和参与度。

（三）互动内容的发布时机

互动内容的发布时机直接影响直播效果和销售转化。因此，直播从业者要把握互动内容的最佳发布节点。

从消费者心理和行为的角度来看，互动内容的发布时机应与消费者的注意力高峰相匹配。通常，消费者在刚进入直播间、商品展示环节、主播答疑解惑阶段及购买决策时等时间节点，注意力相对集中。此时策划有吸引力的互动，更容易引发消费者的兴趣和参与热情。相反，如果在消费者注意力分散或者审美疲劳时发起互动，往往事倍功半。因此，洞察消费者在直播全流程中的注意力分布规律，是优化互动内容发布时机的前提。

互动内容的发布时机需要考虑直播的节奏和氛围。在直播销售场景中，主播需要在展示商品、讲解卖点、回答问题等环节之间巧妙地穿插互动；与此同时，既不能影响销售流程，又要起到调节气氛、活跃现场的作用。一般来说，直播前期可以通过简单有趣的互动引起消费者注意，直播中期可以适当加大互动频次和难度以维持热度，直播后期则可策划与购买相关的互动，如秒杀、领券等，以促进成交。通过循序渐进、有张有弛地发布互动内容，既可避免死板乏味，又能提升直播的吸引力。

基于大数据分析和人工智能技术的发展，个性化、智能化的互动内容发布策略正在兴起。通过分析消费者在直播间的行为轨迹，如停留时长、互动频次、购买历史等，直播平台可以精准预测每名消费者的兴趣偏好和决策习惯，从而在最恰当的时间向其推送量身定制的互动内容。这种精准触达不仅提高了互动的转化率，也极大地提升了消费者的直播体验。

互动内容发布时机的选择需要兼顾商品属性、受众特点等因素。例如，针对高客单价、决策周期长的商品，互动发布的节奏可以放缓，给消费者更多思考和对比的时间；针对冲动型消费的产品，则可在前期集中发力，刺激消费者的购买欲望。对于年轻群体，互动形式可以更加新颖、有挑战性；对于中老年群体，互动内容则要更加实用、易于参与。综上，因品因人而异，只有综合考虑各方因素，才能最大限度地激发互动内容的价值。

二、互动形式创新

（一）游戏化互动

将游戏元素融入直播场景，主播可以营造出轻松愉悦、趣味盎然的互动氛围，激发消费者的好奇心和参与热情。例如，主播可以设置各种关卡或任务，引导消费者完成特定的互动行为，如分享直播间、为主播点赞、参与产品讨论等，并给予相应的奖励和认可。这种寓教于乐的互动方式不仅能够提升消费者的参与度，还能增强其对主播和品牌的认同感。

游戏化互动的核心在于体验设计。主播需要根据直播内容和受众特点，精心设计游戏规则和互动流程，确保游戏环节与直播主题相呼应，与消费者的兴趣爱好相契合。同时，游戏设计应具有合理的难度梯度和丰富的变化，既要让消费者感受到挑战的乐趣，又要避免过于复杂或重复而产生疲劳感。此外，主播还应注重游戏互动的公平性和包容性，为不同层次的消费者提供平等参与的机会，营造出开放、友好的互动氛围。

除了规则设计，游戏化互动还需要与直播平台的技术特性相结合。主播可以利用直播间的各种功能，如弹幕、礼物、投票等，实现游戏互动的多样化呈现。例如，主播可以发起实时问答或竞猜活动，让消费者通过弹幕参与答题并获得奖励。主播也可以设置礼物解锁机制，鼓励消费者通过赠送礼物来获取额外的游戏权限或体验。这些技术手段的运用不仅能够丰富游戏互动的表现形式，还能促进消费者与主播、消费者与平台之间的深度绑定。

游戏化互动对主播的综合素质提出了更高要求。主播不仅需要具备出色的商品讲解和销售能力，还要掌握游戏策划和现场控制的技巧。在互动过程中，主播要充分调动自身的幽默感和表现力，通过风趣的语言、生动的肢体动作来渲染互动气氛，增强消费者的代入感和参与感。同时，主播要根据互动过程的实时反馈，灵活调整游戏节奏和难度，确保互动始终处于最佳状态。这些能力的塑造需要主播在实践中不断磨炼和提升。

（二）虚拟现实互动

通过构建沉浸式的虚拟环境，消费者可以更直观、更真实地感受商品的特性，甚至"亲临"现场体验产品的使用效果。这种身临其境的互动方式不仅能够激发消费者的购买兴趣，更能增强其对商品质量和品牌形象的信任度。

虚拟现实互动主要包括虚拟试穿、虚拟试用、虚拟场景体验等形式。在服装、美妆等品类的直播中，品牌商可以利用虚拟试穿技术，让消费者通过虚拟形象"试穿"心仪的衣服或配饰，从而更直观地了解商品的版型、色彩和搭配效果。在家居、汽车等品类的直播中，品牌商可以通过虚拟场景体验，让消费者身临其境地感受产品的空间布局、功能设计和使用体验。这些沉浸式的互动不仅能够激发消费者的购物乐趣，更能帮助其做出更加理性和匹配的购买决策。

除了提升消费体验，虚拟现实互动还能够突破时空限制，拓展社交电商直播的应用场景。借助虚拟现实技术，品牌商可以打造出各种主题鲜明、趣味盎然的虚拟空间，如虚拟商场、虚拟展厅、虚拟体验中心等。消费者无须亲赴现场，便可以在线上与主播、其他消费者一起交流，感受逼真的购物氛围和社交乐趣。这种打破地理界线的互动模式不仅能够吸引更多的消费者参与直播，还能够为品牌商开拓新的销售渠道和营销方式提供无限可能。

当然，将虚拟现实技术引入社交电商直播并非易事，它对技术水平、成本投入、用户接受度等都提出了更高的要求。品牌商需要根据自身的产品特点、目标受众和发展阶段，审慎选择合适的虚拟现实互动方案。同时，品牌商要注重优化用户体验，确保虚拟场景的真实感、流畅度和便捷性，避免因技术问题而影响互动效果。此外，品牌商还应重视用户隐私保护和数据安全，在收集、存储、使用消费者信息时，严格遵守相关法律法规，保证用户的安全与隐私。

（三）多屏互动

借助先进的技术手段，主播可以同时在多个屏幕上与消费者开展实时互动，打破了传统电商的单向传播局限，实现了消费场景的多维度融合。这种创新的互动形式不仅能够提升消费者的参与感和沉浸感，更有利于激发消费者的购买欲望，促进销售转化。

从互动内容来看，多屏互动为消费者提供了更加丰富多元的信息来源。主播不仅可以在主屏幕上展示商品的特点和优势，还可以利用副屏幕分享购物攻略、使用心得等衍生内容，全方位满足消费者的知情需求。同时，多屏互动还能够实现内容和形式的多样化呈现，如视频、图片、文字等，增强信息传递的生动性和感染力。消费者可以根据自己的偏好选择关注的屏幕和内容，享受个性化的互动体验。

从互动方式来看，多屏互动打破了主播与消费者之间的时空限制，实现了更加灵活便捷的双向沟通。消费者不仅可以通过弹幕、评论等方式实时反馈意见和问题，还可以参与主播发起的话题讨论、抽奖活动等，与主播和其他消费者建立紧密连接。这种沉浸式的互动方式能够有效增强消费者的参与感和信任感，激发其对商品和品牌的兴趣，提高购买转化率。

从互动效果来看，多屏互动有助于构建起以消费者为中心的沟通生态。通过数据分析和用户画像，主播可以精准把握消费者的需求特点，有针对性地开展互动活动，提供个性化的购物指导和服务。这不仅能够提升消费者的满意度和忠诚度，还能够实现流量的精细化运营，提高直播的投入产出比。此外，多屏互动积累的海量用户数据还可以反哺商品研发和供应链优化，驱动社交电商的智能化发展。

（四）个性化互动

相比于传统的标准化互动模式，个性化互动更加注重根据消费者的独特需求和偏好，提供量身定制的互动体验。在直播过程中，主播可以通过与消费者的实时对话，深入了解其产品偏好等，进而给出个性化的产品推荐和使用建议。这种一对一的互动方式能够增强消费者的参与感和信任感，提升其购买意愿。

个性化互动的实现离不开大数据、人工智能等前沿技术的应用。通过对消费者历史浏览记录、购买行为等海量数据的挖掘和分析，直播平台可以精准把握消费者的个性化需求，实现千人千面的互动推荐。例如，当消费者询问某款化妆品的适用人群时，系统可以根据其年龄、肤质等特征，智能推荐最适合的产品型号和使用方法。这种基于数据分析的个性化互动不仅能提升消费体验，也能显著提高直播的转化率和销售业绩。

个性化互动体现在对消费者情感需求的关注上。在直播互动中，主播不仅要解答消费者的功能性问题，更要通过亲切、真诚的沟通方式，与消费者建立情感连接。例如，面对某位消费者的生活困扰，主播可以给出贴心的关怀和鼓励，让其感受到被重视和理解。这种情感层面的个性化互动有助于增强消费者对主播和品牌的黏性，建立起长期稳定的客户关系。

三、互动氛围营造

（一）互动氛围的营造原则

良好的互动氛围能够增强消费者的参与感和信任感，提高直播效果和销售转化。互动氛围的营造应遵循以下原则。

1. 真实性原则

互动氛围应该真实自然，避免过度包装和做作。主播应以真诚、友好的态度与消费者交流，表达真实的情感和观点。同时，互动内容应源于真实的使用体验和产品特点，不夸大其词，不虚假宣传。只有这样，才能赢得消费者的信任，建立长久的互动关系。

2. 互利性原则

互动不应是单向的信息传递，而应体现主播与消费者双方的互利共赢。一方面，主播要耐心解答消费者的问题，提供有价值的产品信息和使用建议，帮助其做出理性的购买决策。另一方面，主播要虚心听取消费者的意见和反馈，不断优化产品和服务，实现共同成长。互利互惠的理念是构建和谐互动氛围的重要基础。

3. 创新性原则

随着直播行业的快速发展，消费者对互动形式提出了更高的要求。单一、重复的互动模式已难以吸引眼球，难以满足消费者的多元化需求。因此，主播应积极创新互动方式，融入游戏、抽奖、限时秒杀等多样化元素，调动消费者的参与热情。同时，主播还要紧跟时代潮流，运用最新的互动技术（如虚拟现实、增强现实等），为消费者带来沉浸式的互动体验。

4. 个性化原则

不同消费者的兴趣爱好、互动偏好存在差异。"千人一面"的互动策略难以精准触达每一名消费者的内心。因此，主播要深入了解消费者画像，根据其特点量身定制互动话术和互动形式。对于不同互动风格的消费者，要灵活调整互动节奏和互动强度，让其感受到被重视和尊重。个性化互动能够拉近主播与消费者的心理距离，增强用户黏性。

5. 整体性原则

互动氛围的营造涉及直播间的视觉设计、产品选品、主播形象等层面。主播要统筹规划，将互动元素有机融入直播的各个环节，形成互动合力。同时，线上互动与线下服务要无缝衔接，通过全渠道、全链路的无差别互动，为消费者提供一致的品牌体验。

（二）互动氛围的营造技巧

与传统电商相比，直播电商更加注重主播与观众之间的实时互动，通过构建亲密无间的关系，增强用户黏性和忠诚度。因此，主播需要掌握一定的互动氛围营造技巧，给观众带来身临其境的购物体验。

主播应该树立亲和力十足的形象，以真诚、热情的态度对待每一名观众。在直播过程中，主播要主动与观众打招呼，对观众的提问和评论及时做出回应，让观众感受到被重视和尊重。同时，主播还可以通过讲述个人故事、分享生活点滴等方式拉近与观众之间的距离，营造轻松愉悦的互动氛围。

主播需要根据直播内容和产品特点，设计丰富多样的互动形式。例如，主播可以邀请观众参与产品试用、体验分享，或者举办有奖问答、抽奖等互动游戏，调动观众的参与热情。针对不同的互动环节，主播要提前做好策划和准备工作，确保活动的流畅进行和效果最大化。

主播应该善于利用直播间的各种功能，为观众创造沉浸式的互动体验。例如，主播可以通过连麦等方式与其他主播实时互动，给观众带来新鲜感和惊喜感。同时，主播还可以利用弹幕、点赞等功能实时收集观众反馈，根据观众需求动态调整直播内容和节奏，增强互动的针对性和有效性。

主播需要掌握一定的情绪管理和语言表达技巧，营造积极向上的互动氛围。在直播过程中难免会遇到负面评论或者尖锐问题，主播要学会冷静应对，以专业、礼貌的方式化解矛盾，引导互动朝积极的方向发展。同时，主播还要注重语言的幽默感和感染力，运用恰当的语言技巧营造氛围，增强互动的趣味性和吸引力。

主播应该重视互动数据的收集和分析，不断优化互动策略。通过互动数据，主播可以深入洞察观众的喜好、痛点和互动习惯，并据此调整互动内容和方式，为观众提供更加个性化、精准化的互动体验。同时，互动数据还可以帮助主播评估直播效果，找出互动环节的优势和不足，进而有针对性地改进互动氛围的营造方式。

（三）互动氛围的持续维护

1. 建立互动规则体系

主播团队应根据商品特点、目标人群等因素，制定明确、易懂的互动规则，引导消费者积极、有序地参与讨论。规则的设计要充分尊重消费者意愿，在满足其表达诉求的同时，又不失管控的艺术。例如，主播团队可以鼓励消费者分享使用心得、提出问题，但要避免过度宣传和虚假信息的出现。同时，面对消极或违规言论，主播团队要及时处理，维护互动环境的健康向上。只有形成科学、灵活的互动规则体系，主播团队才能为互动氛围的持续升温提供制度保障。

2. 主播的引导和调控

作为直播的核心，主播的一言一行都对互动氛围产生直接影响。因此，主播必须具备出色的临场应变能力和情绪管理能力，根据互动动向实时调整节奏和话题。当互动热度不高时，主播要主动抛出话题，吸引消费者参与；当讨论出现偏离时，主播要巧妙引导，将互动拉回正轨。在整个过程中，主播始终要保持热情、真诚的态度，用专业的讲解和风趣的语言感染消费者，营造轻松愉悦的互动氛围。

3. 线上线下的有机结合

除了直播本身，主播团队还应通过社群运营、线下活动等方式延续和强化互动。例如，可以在社群中发起话题讨论，与消费者保持密切联系；举办线下粉丝见面会，增进彼此的了解和信任。通过将互动从直播间拓展到更广阔的时空维度，可以让主播与消费者的关系更加紧密和持久，这对于维系互动氛围具有重要意义。同时，线下的真实反馈能为主播提供有益参考，帮助其更加精准地把握消费者心理和互动诉求。线上线下的有机融合，是促进互动氛围持续升温的重要途径。

社交电商直播作为连接消费者的新路径，以其独特的优势和潜力在电商行业中崭露头角。通过主播的专业展示和实时互动，消费者能够更直观地了解商品信息，提高购物体验和满意度。然而，在其快速发展的过程中，也需面对诸多挑战和问题。只有不断加强供应链管理、推动行业自律和优化用户体验，才能实现社交电商直播的可持续发展。

展望未来，社交电商直播将继续在电商行业中发挥重要作用，为消费者带来更加便捷、高效、个性化的购物体验。让我们共同期待这一新兴模式的蓬勃发展，为电商行业注入新的活力和动力。

参考文献

[1] 丁楠娟,江丽.新媒体直播运营[M].北京:北京理工大学出版社,2023.

[2] 唐观友,阙语莹.直播营销[M].北京:中国商业出版社,2022.

[3] 杨吉.数字经济与未来传播:第1辑 内容电商与传播[M].北京:中国社会科学出版社,2023.

[4] 殷中军,张爱林.社交电商新零售[M].北京:机械工业出版社,2020.

[5] 苏凡博.电商直播实务[M].北京:中国广播影视出版社,2022.

[6] 黄昕恺.网络品牌传播导览[M].成都:西南交通大学出版社,2023.

[7] 钟一杰.社交电商内容经营[M].武汉:武汉大学出版社,2023.

[8] 陈浩.电商直播营销原理与方法[M].北京:中国广播影视出版社,2021.

[9] 陈静.电商运营策略与实操案例[M].长春:吉林大学出版社,2021.

[10] 陈迎.直播营销实战指南[M].北京:机械工业出版社,2021.

[11] 桑昆.私域流量赋能社交电商[M].北京:机械工业出版社,2020.

[12] 许耿,孙杏桃.直播电商平台运营[M].北京:人民邮电出版社,2024.

[13] 胡龙玉.直播电商基础与实务实训教程[M].北京:北京大学出版社,2024.

[14] 吴帝聪.社交电商从入门到精通[M].北京:中国纺织出版社,2022.